JN409361

호랑나비의 우화羽化

호랑나비의 우화羽化

신금철 수필집

수필과비평사

| 작가의 말

손잡고 함께 걷는 행복한 삶

단풍나무 사이 자드락길에 손을 잡은 노부부가 느린 걸음으로 걷고 있다. 등에 업힌 작은 배낭이 무척 다정해 보인다.

가끔 아내가 돌부리에 걸렸는지 기우뚱거릴 때마다 남편은 아내를 바로 세워준다.

걷는 게 힘이 드는지 그들은 숲 속 벤치에 나란히 앉아 물을 나누어 마시고, 과일 한 쪽을 나누어 먹으며 두런두런 이야기를 나눈다. 하늘을 날던 새 한 쌍이 그들의 이야기를 들어주고, 고운 단풍들도 정다운 이야기에 귀를 기울인다. 해묵은 이야기, 손주들의 이야기로 웃음꽃 피우는 그들이 부러운지 행복도 기웃거린다.

《호랑나비의 우화羽化》 수필집에는 사진을 좋아하는 남편과 함께 아름다운 숲을 거닐며 나눈 이야기들이 많다.

살아온 세월이 힘들었다고 평생 잡았던 손을 뿌리치는 부부들이 점점 늘어가고 있다. 부부에게 짊어진 삶의 무게가 한 치의 오차 없이 똑같을 수는 없다. 그저 너그러운 마음과 용서로 조금 더 무거운 짐을 지고 살아간다면 부부 사이에 불행한 선을 긋는 일은 없을 것이다.

나는 늘 남편의 손을 잡고 살았기에 혼자가 두렵다. 황금빛 노을이 더욱 붉게 물든 숲 속 아름다운 노부부의 그림처럼 남편의 손을 잡고 서로 의지하며 남은 날을 행복하게 살고 싶다.

'행복한 삶은 손잡고 함께 걸어가는 것'이라는 말을 전하고 싶다.

| 차례

1. 소꿉놀이

2. 호랑나비의 우화羽化

3. 숲의 선물

4. 명화名畵

5. 내 손을 잡아요

6. 하얀 나비와 명지바람

1

소꿉놀이

아직 기저귀를 차 불쑥 내민 엉덩이를 흔들며 접시까지 받치고 행여 쏟아질세라 조심조심 걸으며 까만 눈으로 마시라는 시늉을 하면 나는 '고맙습니다.' 를 연발하며 아기 뺨에 뽀뽀를 해준다.

휴양림의 아침

오월의 끝 무렵은 은근히 화려하다. 창조주는 오월의 산야에 부드러운 연녹색 천에 붉은 장미를 수놓았다. 이에 더하여 숲 사이로 연분홍 철쭉과 주황 산나리, 눈이 부신 산딸나무의 하얀 꽃들을 곁들여 1년 중 가장 아름다운 수채화를 완성시켜 사랑하는 이들에게 선물로 보내주셨다.

나는 이토록 아름다운 오월에 태어났다. 어머니는 매년 정성껏 내 생일상을 차려 주시며 "너는 소띠이고 농사일이 많은 오월에 태어났으니 소처럼 일이 많고 힘이 드는가 보다."라는 말씀을 하셨기에 정말 일에 묻혀 바쁘고 힘들 때면 '오월에 태어나서 바쁘고 힘들게 살아야 하나?' 라는 생각을 했다.

어머니가 돌아가신 후, 큰며느리는 결혼 후 처음 맞는 내 생일상을 자기 집에서 차려주겠다고 했다. 직장 생활의 어려움을 누구보다 잘 아는 나는 힘들게 하지 말고 식당에서 밥이나 한 끼 사달라고 하였지만 며느리는 밤새 음식을 준비하여 생일상을 차려주었다. 중국음식, 양식, 한식을 골고루 준비하여 모양과 색을 갖추어 근사하게 차린 생일상을 받고 흐뭇했었다. 그런데 둘째 며느리를 맞고 처음 받는 생일상은 아주 특별했다.

생일 며칠 전 휴대폰으로 어머니의 '생신계획서'를 보내왔다. 모임장소는 강원도 횡성의 휴양림, 식사메뉴, 담당부서(아버님, 아주버님, 도련님, 큰동서와 자신)를 자세히 보내왔다. 시아버님을 설거지 당번으로 배정한 둘째 며느리의 아이디어가 놀랍기도 했지만 기특하기도 하여 곧 바로 며느리에게 고맙다는 인사말을 보냈다. 다소 보수적인 남편과 큰아들도 의외로 껄껄 웃으며 기꺼이 따르겠다고 하여 생일 전날 기대 속에 휴양림으로 향했다.

달리는 차 안에서 바라보는 온 세상은 마냥 아름다웠다. 오월이 다 내 세상인 것처럼 즐겁고 행복했다. 휴양림에 제일 먼저 도착하여 말끔하게 방 청소를 하고, 기다리던 세 아들과 며느리들이 합류하는 순간부터 내 마음은 들떠 있었다.

펜션을 둘러싼 맑은 공기와 새소리 물소리, 보랏빛 붓꽃과 사랑하는 가족들이 있어 오월은 한층 싱그러웠고 내 마음은 어느새 푸른 숲을 날고 있었다.

남편은 저녁 식사 당번으로 쌀을 씻어 밥을 짓고, 며느리들은 반찬

준비를 했으며 아들들은 고기를 굽느라 바쁜 시간, 나는 손자 손녀를 데리고 숲을 걸었다.

숲 속으로 이어지는 등산로에는 다람쥐 한 마리가 행복한 우리와 눈을 맞추고, 등이 푸른 개구리들이 계곡에서 신이 나는 모습에 우리 아가들도 덩달아 신이 났다.

고기를 굽는 아들의 모습은 바라만 보아도 배가 불렀고, 어설프게 저녁준비에 참여한 머리 하얀 남편의 등에선 사랑이 전해졌다. 정성껏 준비한 저녁식사를 마치고 밤새 이야기를 나누느라 늦은 밤까지 웃음소리도 잠 못 들고, 지켜보는 별들도 잠이 들지 못한 채 졸음을 쫓고 있었다.

생일 새벽 5시, 밤늦도록 이야기꽃을 피우느라 곤히 잠든 식구들 몰래 나는 숲 속을 거닐었다. 하얀 찔레꽃의 소박한 미소와 은은한 향내, 숲 사이를 뚫고 얼굴을 내민 코발트빛 투명한 하늘, 생일을 맞아 가족들이 베푸는 최대의 생일 선물 '사랑'을 가슴 하나 가득 끌어 안고 만족한 미소를 지으며 행복했다. 그리고 이토록 아름다운 오월에 나를 낳아주신 어머니께 진심으로 감사하다는 생각을 했다.

아마도 어머니는 전쟁의 후유증으로, 힘들게 나를 낳으시고도 보릿고개에 쌀밥은커녕 미역국도 제대로 잡수시지 못하셨을 텐데 어머니 살아계실 때 이런 행복을 함께하고 감사함을 전했더라면 얼마나 좋아하셨을까?

자식으로부터 많은 것을 받지 않아도 사랑한다는 마음과 관심을 가져주는 것이 이렇게 행복한데 어머니에게 따뜻한 말 한마디 해드리지 못한 죄스러움이 행복 한 귀퉁이에서 가슴을 짓눌렀다.

비록 둘째 아들이 식사 당번으로 미리 물에 불려 곤죽이 된 미역국과 카레 밥으로 생일상을 받았지만 내게 온전한 하루의 휴식을 선물한 사랑하는 가족들과, 나를 낳아주신 하늘에 계신 그리운 어머니께 감사를 드리는 예순다섯 번째의 생일을 기념하는 휴양림의 행복한 아침이었다.

(충청타임즈)

아기 예찬

매주 일요일 아침, 남편은 땀을 뻘뻘 흘리며 청소를 한다. 다른 때 같으면 집이 넓어 청소하기가 힘이 든다고 불평을 하면서 마지못해 청소를 하지만 일요일 아침 청소는 콧노래를 부르며 힘들다는 소리도 하지 않고 밀고 닦고 한다.

사랑하는 손자가 오는 날이기 때문이다. 사랑하는 손자에게 행여 먼지나 때가 묻을까 염려 때문이다. 그런 모습을 바라보는 나 역시 손자의 장난감을 챙기고 과일을 챙기며, 통통거리며 뛰어다닐 손자의 모습에 미소를 짓는다.

큰아들이 늦은 나이에 결혼을 하고 며느리도 나이가 많아 아기 걱정을 했는데 며느리의 곱고 예쁜 심성을 어여삐 보신 하느님께서 곧 바로 귀한 선물로 아기를 잉태케 해주셨고 드디어 우리 부부에게 세상에서 가장 예쁜 손자를 안겨주셨다. 손자가 태어난 날 나는 산부인과 복도에서 기쁨의 눈물을 흘렸고 목이 메어 축하한다는 말도 제대로 하지 못했다.

아기는 건강하게 자라면서 점점 더 예쁘고 영리하여 우리 내외는 아기를 보는 기쁨에 일주일을 기다리느라 조바심을 낸다. 며느리가 토요일이면 어김없이 아기를 데리고 와 우리에게 사는 기쁨을 준다.

아들을 셋이나 길렀지만 정작 그때엔 아기 돌보랴, 집안 살림하랴, 직장 생활하랴, 너무 힘들어 그리 예쁜 것도 모르고 키운 것 같다. 돌아가신 시아버님께서 내가 아기를 낳았을 때 그토록 기뻐하시고 손자 사랑을 하시더니 그 마음을 이해할 것 같다.

옹아리, 뒤집기, 기어 다니기, 걷기, 말하기, 하나하나 변화가 있을 때마다 신기하고, 기특하고, 예뻐서 손뼉을 치며 기뻐했다.

요즘 우리 손자 찬솔이는 말을 배우기 시작하여 '하부지, 함무니' 하면서 우리를 자지러지게 기쁘게 한다. '함무니'를 부르며 현관문을 열고 통통거리고 뛰어오는 손자의 뺨을 꼭 깨물어주고 싶도록 귀엽다. 제 어미가 유치원 교사라서인지 사내아이인데도 몸을 흔들며 온갖 재롱을 피운다. 말은 잘 못하지만 다 알아 듣고 이해하며 몸으로 표현을 한다.

자동차를 가장 좋아하는 손자를 위해 남편은 여러 개의 장난감 자동차를 사다놓고 손자와 함께 놀아준다. 방바닥에 누워 돌아가는 바퀴를 자세히 들여다보는 손자의 모습은 내 눈엔 발명왕이요, 과학자다. 아기의 사랑스런 모습은 한 주간의 쌓였던 피로를 말끔히 씻어주는 청량제보다도 더 좋은 음료수이다.

나는 결혼을 하고 6년을 시부모님과 함께 살고 직장을 따라 분가를 하였다. 내가 분가를 하게 되자 아버님께서 큰아이를 도저히 떼어놓지 못하겠다고 하셔서 6개월을 아버님이 데리고 계셨다. 너무도 손자를 사랑하시는 아버님의 뜻을 거스를 수가 없었다. 유치원에 다니는 아이를 떼어놓고 보니 지나치게 손자를 사랑하는 아버님이 너무 유난스러우시다는 생각을 했다. 6개월을 데리고 계시던 아버님은 아이가 홍역으로 몹시 고생을 하자 걱정이 되셨는지 어미품으로 보내야겠다고 데려가라는 분부를 하시며 너무나 서운해 하셨다.

손자를 보시러 가끔씩 들르실 때에도 당신이 데리고 있지 못함을 아쉬워하셨다. 내가 손자를 얻고 보니 그런 아버님을 이해할 수 있을 것 같다. 일요일이면 온종일 손자와 함께 놀다가 저녁에 집으로 돌아갈 때쯤이면 왠지 서운한 마음이 든다. 손자가 사달라는 것은 무조건 다 들어주시고 만나는 사람마다 손자가 천재라고 자랑하시던 아버님의 손자 사랑을 나도 답습하고 있다.

'손자 자랑을 하려면 돈을 내고 하라.'는 농담이 있듯이 나뿐만 아니라 모든 사람들이 다 손자가 사랑스러우리라 생각한다. 고슴도치도 제 새끼는 예쁘게 보인다는데 우리 아기처럼 예쁜 아기는 없다는 생각을 한다.

뽀얀 피부, 쌍꺼풀이 예쁘게 진 동그란 눈, 갈색의 반고수머리, 게다가 영리함을 겸비한 우리 손자는 이국적으로 생겨 며느리가 외국인과 결혼했다는 오해를 받기도 한다. 이런 아기를 낳아준 아들 며느리에게 진심으로 고마운 생각을 한다.

내 아들보다 더 사랑스러운 심성 곱고 현명하고 예쁜 며느리는 아기 키우는 것도 일등이다. 직장생활을 하면서도 아기 이유식을 정성껏 만들고, 책도 열심히 읽어주고 온갖 정성을 들여 키운다.

요즘 젊은이들은 아기 낳기를 기피한다. 옛날처럼 여자들이 아기 낳고 살림하는 일에만 전념하는 게 아니고 사회활동 때문에 아기 키우는 일이 힘들고 또 육아와 교육비가 만만치 않기 때문이다. 그래서 아예 아기 낳기를 포기하는 일까지 있어 우리나라 인구정책에도 비상이 걸렸다. 이대로라면 우리나라는 인구 감소로 인해 나라의 존폐 여부까지 대두 될 정도로 심각한 우려를 낳고 있다. 그토록 정부 구호 정책으로 부르짖던 산아 제한이 오늘의 위기를 몰고 온 것이다.

한 나라의 부富는 그 나라의 인구수와 무관하지 않은데 좁은 땅덩이에 인구마저 적다면 우리나라는 과연 어떤 미래를 상상할 수 있을까?

아기를 낳는 산모가 줄어들어 폐업하는 산부인과가 늘고 있다고 한다. 아마도 거리에서 배부른 산모를 보기 어려울 듯하다.

아기 한 명을 키우는데 드는 정성과 육아 비용이 정말 만만치 않음에 젊은이들의 우려도 이해가 간다. 그러나 사랑스런 아기를 키우며 느끼는 기쁨은 이 세상 어느 것보다 크다는 것을 젊은이들에게 말해 주고 싶다. 또한 정부 차원에서 육아로 인해 어려움을 겪는 일이 없도록 새로운 육아 정책을 세우는 게 급선무인 것 같다. 그리하면 젊은이들이 육아 걱정을 덜고 마음 편하게 자기 일을 할 수 있어 활발한 사회 활동으로 더욱 발전하는 국가를 이룰 수 있을 것이다.

다행히 우리 손자 찬솔이는 외할머니 외할아버지의 사랑을 듬뿍 받고 자라고 있다. 요즘처럼 아기 키우기 힘든 때에 외손자를 키우시느라 고생하시는 두 분께 절이라도 올릴 만큼 감사함을 느낀다. 아기가 그토록 예쁘게 자란 건 모두가 사돈 내외분의 덕분이다. 아기 보시느라 힘드실 텐데도 내색하지 않으시는 두 분께 지면을 통해 진심으로 감사하다는 말씀을 전해드리고 싶다.

'우리 찬솔이 정성껏 돌보아주셔서 정말 감사합니다.'

(충청타임즈)

피아골의 가을

가을이 떠났다. 이제 텅 빈 들판엔 벼들이 잘려나간 밑동만 쓸쓸한 논을 지키고, 나뭇잎을 떨구어낸 나목들은 긴 목을 빼고 하늘을 향해 외로움을 달래고 있다.

첫눈이 바람을 타고 자유롭게 내렸고 사람들은 나풀거리는 털로 목덜미를 감싸고 두꺼운 옷을 입고 움직임도 둔해졌다. 아직은 봄을 기다리기보다는 풍요롭고 행복했던 가을을 반추하고 싶어 지난 가을 다녀온 피아골을 떠올린다.

피아골엔 관람 제한이 없는 무료입장의 가을 대공연이 펼쳐지고 있었다. 현란한 춤사위도 없고 고운 소리를 내는 악기도 없이 그저 아름다운 단풍의 빛깔로 수많은 관객의 마음을 사로잡는, 인간이 도저히 흉내 낼 수 없는 멋진 공연이었다. 세상을 바라볼 수 있는 눈을 가진 자라면 누구나 가슴 설레었던 공연이기에 나는 소리 없는 웃음과 감동으로 피아골의 단풍축제에 빠져들었다.

전날 촉촉이 내린 비에 정갈하게 몸을 씻고, 단장을 마친 멀리 펼쳐진 산자락의 파스텔 무대 위에는 안개가 나풀거려 함께 춤을 추어 신선이라도 내려올 듯 신비스러웠다.

산골짜기 사이로 구름이 내려 앉아 흥을 돋우고 노란 은행잎은 빨간 단풍잎을 더 돋보이게 해주려 애쓰고 노란 은행잎은 단풍잎의 배려에 더욱 붉었다. 투명한 가을 햇살은 이들의 우정을 위해 코발트빛 하늘을 선물로 주어 공연을 더욱 성공적으로 이끌어주었다.

하느님은 인간에게 이토록 아름다운 공연을 보여줄 뿐만 아니라 먹을거리를 주시기 위해 들녘 하나 가득 풍요로운 곡식과 푸른 채소들을 준비하신다. 이렇듯 우리를 살찌우시니 이에 감사함도 잊지 않았다.

자연은 하느님의 섭리에 거부하지 않고 순응한다. 그분이 정해주신대로 계절 따라 차례를 지켜 싹 틔우고, 잎과 꽃을 피워 인간들에게 보는 기쁨을 주고 거기에 열매까지 다 내주어 인간들을 살찌우고 한 생을 마감한 후 다 떨구면서도 아쉬움을 모른다. 다투고 싸움하고 시기하고 질투하는 인간 세상에 경종을 울려줌이 아닐까?

계곡 사이로 흐르는 시리도록 맑은 물엔 나뭇잎배가 가끔씩 헤엄치는 물고기들과 숨바꼭질을 하며 내 마음에 평화를 주었다.

가슴이 답답하도록 욕심과 미움이 가득한 내게 다 버리고 가라고 속삭인다. 가을에게 나를 맡기고 동화되어 즐겁게 콧노래를 불렀다.

일박 이일의 피정을 위해 피아골의 피정의 집(천주교에서 운영하는 명상의 집)에 도착하니 마당에는 하느님의 특별한 은총을 먹고 자라는 아름다운 빛깔의 단풍들이 나를 맞아주었다.

피정의 집에 올 수 있도록 나를 불러주신 하느님께 감사드리며 저녁 강론을 들었다. 왼손만 십자가에 달리시고 오른손을 내리신 특이한 예수님의 모습이 제대 위에 놓인 성당에서 신부님의 강론은 나를 숙연하게 했다.

"아름다운 단풍도 많이 보시고 인생의 단풍도 함께 생각하는 시간이 되길 바랍니다. 모든 것은 하느님의 섭리에 따르는 것이요. 침묵은 하느님의 무릎에 편히 앉아 있는 것이니 욕심을 내려놓고 침묵 중에 모든 것을 하느님께 맡기시고 보람 있는 시간을 보내기 바랍니다."

신부님의 말씀을 들으니 단풍이 곱게 물드는 자연현상도, 인생의 단풍 시기를 맞게 된 나의 삶도 그저 섭리에 따르는 것임을 깨달았다. 내가 세례를 받게 된 것도, 옆에 앉은 남편과 결혼을 하게 된 것도, 그곳에 간 것도 모두가 나의 의지가 아니고 하느님의 계획이었음에 순응하며 하느님의 자녀로 내 인생의 가을을 아름답게 보내야겠다는 생각을 했다.

곱게 물든 가을 단풍처럼 아름다운 삶, 그것은 아마도 이기심과 욕심을 버리고 자신보다는 다른 이를 기쁘게 해주는 희생의 삶이 아닐까?

이제 하느님께서는 온 세상의 더러움을 가끔씩 흰 눈으로 씻어주실 백설의 공연을 준비하고 계시겠지? 깊은 겨울이 오기 전에 내 인생에 겨울이 와도 당당하게 맞을 수 있도록 더욱 뿌리 깊은 믿음을 키워야겠다.

(충북수필)

소꿉놀이

오전 10시가 채 못 된 시각, 나는 어느 새 커피를 열 잔이나 넘게 마셨다. 계란프라이도 열 개가 넘도록 먹고 과일도 많이 먹었다. 아마 저녁 때쯤이면 스무 잔이 넘도록 커피를 마실지도 모른다. 평소에 커피를 한 잔도 마시지 않지만 20개월 된 손녀가 사랑을 듬뿍 넣은 가짜 커피와 계란프라이를 온종일 마시고 먹으면서 나는 무척 행복하다.

아직 기저귀를 차 불쑥 내민 엉덩이를 흔들며 접시까지 받치고 행여 쏟아질세라 조심조심 걸으며 까만 눈으로 마시라는 시늉을 하면 나는 '고맙습니다.' 를 연발하며 아기 뺨에 뽀뽀를 해준다. '엄마, 아빠' 이외에는 말을 못하지만 고마움을 알았다는 듯 아기도 행복한 웃음을 짓는다. 서로 말이 통하지는 않지만 우리는 서로의 표정과 몸짓으로 배가 고픈지, 졸린지, 화가 났는지 다 알고 있는 사랑하는 사이가 되었다.

내리사랑이라고 했던가! 정작 내 아이들을 키울 땐 직장생활에 시달리고 가정 살림하랴, 아이들 키우느라 지치고 힘들어 이런 즐거움을 느낄 시간이 없었던 것 같다. 더구나 아이들을 낳을 때마다 한 달도 제대로 쉬지 못하고 출근을 했고, 육아휴직은 엄두도 내지 못했으니 몸도 마음도 무척 힘이 들었고, '둘만 낳아 잘 기르자.' 고 가족계획을 외칠 때라 셋을 둔 나는 때로 부끄러운 생각을 할 때도 있었다.

지금은 삼 개월의 산전 산후 휴가도 있고 육아휴직도 장기간 할 수 있어 전보다 사정이 좋아졌다고는 하나 아기 낳기를 기피하고 있다. 아기를 키워보니 옛날보다 더욱 힘이 든다. 옛날 아기들과 달리 키우기가 까다롭고 병원출입도 잦으며 학원 보내기 열풍으로 교육에 드는 돈이 상당하니 기피하는 것도 이해가 된다. 인력은 국력일진대 아기 낳기를 권장하기보다는 양육과 보육에 대한 정신적 물질적 부담을 덜어주는 획기적인 정부의 대책이 절실한 것 같다.

어린이집이나 유치원이 많이 늘어났지만 여전히 워킹 맘들은 아이들을 맡기기 불안하다. 가끔씩 신문이나 TV를 통한 어린이집의 불미스런 일들은 직장에서 편히 일하는 엄마들을 더욱 불안으로 몰아넣는다.

안정된 마음으로 직장에서 일하면 능률적이고 생산성을 극대화 시킬 수 있다. 정부에서는 엄마의 직장 내에 보육시설을 대폭 늘려 엄마와 아기가 마주할 기회를 마련해주고 기관에서는 양질의 양육과 보육을 담당할 수 있도록 관리 감독을 철저히 하는 시스템을 마련해주면 좋겠다. 또 한 편 아기 낳기를 꺼려하는 이유는 젊은 엄마들이 자식을 위해 희생해야 한다는 생각과 양육에 따르는 고통을 참아내는 의지가 조금은 부족한 것 같다.

자녀 많이 낳기 정책의 일환으로 영유아들의 보육비를 정부에서 부담한다고 하자 직장에 다니지 않는 엄마들도 우르르 아기들을 어린이집에 맡겨 지자체의 예산이 바닥이 나는 현상까지 일어나고 있다고 한다. 물론 어쩔 수 없는 상황도 있겠지만 이른 아침 아직 기저귀를 찬 아기들이 어린이집으로 향하는 모습을 볼 때면 아기가 측은해 보인다.

친구들과 어울려 함께하는 즐거움도 느끼고 사회성도 길러지는 좋은 점이 있다. 그러나 엄마 가슴을 더듬으며 품에서 행복을 느낄 수 있는 아기들에게 규율 속에서 힘들어 상처를 받을 수도 있다는 생각도 한 번쯤 해보아야 될 것 같다.

자식을 잘 키워야겠다고 하는 것은 모든 부모들의 소망이다. 그러나 지식과 물질의 풍요로 그들의 미래를 행복하게 해주는 일보다 어릴 때부터 부모의 따뜻한 사랑과 대화로 보듬어 키우는 게 올바른 아이로 자랄 수 있음을 인생의 선배로서 아기를 키우는 부모들에게 말해주고 싶다.

내 인생도 중요하여 취미생활도 하고 건강도 지키기 위해 일찌감치 아이들을 어린이집에 맡기고 편히 지내는 것도 좋지만 정성과 사랑으로 아이를 키우는 게 부모의 도리이며 즐거움임을 함께 생각해보아야겠다.

나는 취미생활을 잠시 미루고 내 어머니께서 손자들을 정성껏 키워주신 것처럼 예솔이를 돌본다. 직장에 나간 엄마의 빈 자리를 사랑으로 채워주기 위해 나도 세 살짜리 아이가 되어 함께 소꿉놀이를 하고 맛있는 간식도 챙겨준다. 내가 알고 있는 모든 육아 지식을 동원하여 아기가 행복하도록 돌보아줄 생각이다.

(충북수필)

도시락

새벽 4시, 고소한 참기름 냄새가 방 틈으로 스며든다. 며느리가 김밥을 싸고 있다는 것을 보지 않아도 알 수 있다. 며느리가 어제 저녁 퇴근 후 김밥 재료를 잔뜩 사온 것을 알기 때문이다.

유치원에 다니는 손녀가 체험학습을 가는 날이라 도시락을 싸기 위해 피곤할 텐데도 잠을 제대로 못 자고 정성껏 김밥을 싸고 있는 며느리의 모습을 생각하며 안쓰러운 마음이 들었다.

며느리는 두 아이가 체험학습을 갈 때마다 손수 김밥을 정성스럽게 준비하느라 일 년에 대여섯 번씩은 김밥을 싼다. 내가 때로 보조 역할을 하지만 오히려 방해가 되는 것 같아 며느리의 출근시간에 지장을 주지 않도록 설거지를 도와줄 뿐이다.

김밥을 싸는 날엔 넉넉하게 싸서 식구 모두가 맛있는 김밥을 먹는 즐거움에 은근히 기대도 되지만 김밥을 싸는 일이 무척 번거롭고 힘이 드는 일이기에 어느 때는 김밥집에 가서 사 보내라고 해도 며느리는 손수 김밥을 싸느라 고생을 한다.

며느리의 김밥 싸는 솜씨는 일품이다. 친환경 재료에 정성을 다하여 단단하고 예쁘고 맛있는 김밥을 만들기에 식구들이 농담 삼아 김밥집을 해도 잘 될 거라고 할 정도이다.

현직에 있을 때 체험학습을 가보면 어머니가 손수 만든 김밥을 싸 오는 어린이는 몇 명 안 되는 듯하였다. 물론 바쁜 직장생활을 하는 어머니들이 대부분이고 김밥집에서 한두 줄 사는 게 오히려 경제적일 수도 있다고 생각하면서도 일 년에 한두 번 자녀를 위해 어머니의 정성이 담긴 김밥을 싸주는 것도 훗날 어린이들에게 좋은 추억이 되지 않을까? 하는 혼자만의 생각을 했었다.

며느리는 바쁜 직장생활에도 손자들의 음식에 신경을 많이 쓴다. 그래서인지 두 녀석이 다 햄버거, 피자 같은 인스턴트식품을 좋아하지 않고 토속적인 음식을 좋아한다. 아직은 손자, 손녀가 어려서 엄마의 정성과 사랑을 알지 못하겠지만 훗날 정성껏 반찬을 만들고 김밥을 싸던 어머니의 모습을 심어 주리라 생각한다.

김밥을 먹을 때마다 나는 초등학교 시절, 어머니가 싸주신 김밥을 떠올린다. 김 한 장에 뚱뚱하게 밥을 넣고 그 속에 장아찌를 박아 만든 썰지도 않은 김밥을 먹으면서도 꿀맛 같던 소풍에 대한 기억이다.

지금처럼 좋은 도시락이 없던 시절이었으니 도막내어 썰어서 주기

보단 통째로 둘둘 말아 주신 게 아니었을까? 그 모양과 재료야 어찌 되었던 그 시절엔 도시락을 못 싸온 아이들도 있었으니 어머니가 싸주신 김밥 맛은 일품이었음을 생각하며 감사한 마음과 소중한 추억으로 남았다.

어머니는 내가 중 · 고등학교를 다니는 6년 동안 도시락을 싸주시느라 무척 힘이 드셨을 텐데 결혼하기 전 몇 년 동안에도 도시락을 싸주셨다.

어머니는 내가 근무하는 학교 바로 앞에 집을 얻어 뒷바라지를 해주셨다. 그때엔 학교 급식은 생각도 못할 때여서 매일 점심 도시락을 싸가지고 가야 했는데 어머니는 점심시간에 맞추어 따끈한 점심을 매일 싸다 주셔서 은근히 점심시간이 기다려졌다. 매일 맛있는 반찬을 넉넉하게 싸주셔서 동료들과 함께 먹으며 많은 부러움도 샀다.

지금 생각하면 매일 맛있는 반찬을 바꾸어가며 해주시느라 힘이 드셨을 텐데 남들과 달리 따끈한 도시락을 먹으며 행복하다는 생각만 했으니 죄송스럽고 감사한 마음을 제대로 표현하지 못하였음에 후회가 된다. 도시락을 싸는 며느리를 볼 때마다 지극한 모성애를 느끼고 나를 위해 도시락을 싸신 어머니의 자식 사랑에 가슴이 저려온다.

나도 결혼해서 남편, 아이 셋의 도시락을 싸 보았지만 도시락을 싸는 일은 매우 힘든 일이다. 매일 무슨 반찬을 싸야 되는지 걱정도 되고, 출근을 서둘러야 하는 직장인들에게는 시간에 쫓기는 어려움이 컸다. 더구나 요즘처럼 대부분의 어머니들의 직장생활을 하는 상황에서 매일 자녀들의 도시락을 챙기는 일은 너무도 힘이 드는 일일 것이다. 이토록 힘든 도시락 싸는 일이 학교 급식으로 주부들의 일손을 덜어주고 아이들에게도 균형 잡힌 식사를 할 수 있으니 무척 다행한 일이다.

먹을 것이 넘쳐나는 요즈음, 돈만 있으면 전화 한 통으로 맛있는 음식을 다 먹을 수 있는 시대가 되었지만 아무리 힘들고 바쁘더라도 사랑하는 자녀를 위해 일 년에 한두 번쯤은 정성껏 도시락을 준비해 봄은 어떨까?

(충청타임즈)

아버지

"우리 뽀글이, 비행기가 어떻게 날아가지? / 슈우우~."

"나비는? / 훠훠."

"병아리가? / 삐야, 삐야."

생후 15개월 아기와, 마흔이 넘은 아비의 옹알이 같은 대화에서 사랑의 전류가 흐른다. 아비의 눈에서는 꿀 같은 사랑이 줄줄 흐르고 아기의 미소엔 행복이 넘친다. 뽀글이는 손녀의 애칭이다. 참새 같은 입을 쪽 내밀고 어설픈 발음으로 종알대는 부녀父女의 대화를 지켜보는 가족들은 아기의 재롱에 손뼉을 치며 집안 가득 웃음바다를 이룬다.

"아버지 없는 사람 손들어요."

초등학교 시절, 학년이 바뀔 때마다 나를 힘들게 했던 말이다. 철없던 시절엔 담임선생님의 물음이 끝나기도 전에 손을 번쩍 들었다. 그러나 조금씩 철이 들면서 손을 들기가 쇳덩이라도 든 것처럼 무거웠다. 나쁜 짓을 하다 들킨 사람처럼 얼굴이 화끈거리고 부끄러웠다.

나는 아버지라는 호칭을 한 번도 사용할 수 없었다. 첫돌이 되기 전에 아버지가 돌아가셨으니 부를 대상이 없었던 것이다. 지금도 내겐 아버지란 말이 어색하다. 스무 살 중반에 청상이 된 어머니는 오직 나 하나만을 위해 사셨다. 돌도 안 된 딸을 두고 남편을 잃은 어머니가 겪으신 슬픔의 웅덩이는 너무 깊어서 평생 동안 그 무엇으로도 메울 수가 없으셨을 것이다.

가끔 주전자를 들고 아버지의 막걸리 심부름을 가는 친구들이 부러웠다. 아버지의 사랑은 어떤 것일까 궁금하기도 했다. 어머니는 내게 다른 아이들처럼 온전한 부모의 사랑을 채워주시느라 많은 고생을 하셨다. 훌륭한 어머니 덕분에 나는 아버지의 부재不在를 잘 이겨냈다. 그러나 아버지의 역할까지 하시느라 버거워하시는 어머니의 모습을 볼 때면 아버지의 빈자리가 크게 느껴져 그리움에 잠겼다.

아버지의 부재를 슬픔으로 토해낸 것은 결혼식 날이었다. 작은아버지의 손을 잡고 식장에 들어설 때 울음을 참느라 이를 물고 참으실 어머니를 생각하며 나도 눈물을 쏟았다.

논란이 된 일부 대학의 로스쿨 시험에서, 부모의 화려한 경력을 서술한 사례와 자녀의 졸업시험에 부모가 가담했다는 보도가 시선을 집중시키고 있다. 어디 이런 일이 로스쿨 시험뿐이겠는가? 합격의 당락 여부는 모르겠지만 사회 전반에서 부모의 경제력이나 지위가 자녀에게 큰 영향을 끼친다는 것에 많은 사람들이 냉가슴을 앓는다.

누구나 부모를 선택하여 태어날 수 없다. 형편이 어렵거나 반쪽 부모를 가진 사람들은 그들의 의지가 아니다. 그렇다면 오히려 가진 것이 부족한 사람들에게 격려와 용기를 주어야 하지 않을까? 경제의 빈곤, 지위의 고저, 편부, 편모를 둔 조건들이 사회적인 불이익을 받는다면 너무도 가혹한 일이다.

나는 교사 시절, 학년 초에 가정환경조사서를 작성하기 위해 아버지가 안 계신 어린이를 조사하며 조심스러웠다. 부모의 학력, 직업, 주거 유형, 자가용 유무까지 묻는 과거의 '가정환경 조사서'는 행여 집안 사정 때문에 친구들과 선생님이 선입견을 가질까봐 우려하는 사람도 있었다. 이에 교육부에서는 과도한 개인정보 수집의 자제를 권유하고 있어 현재는 과거처럼 구체적인 가정환경조사는 피하고 있다니 다행한 일이다.

나는 어릴 적 좋은 친구와 이웃을 만났기에 아버지 없는 아이라는 놀림을 받은 기억이 없다. 요즘, 드라마이지만 가끔 '아버지 없는 아이'라고 친구가 놀린다며 울먹이는 아이를 볼 때면 나는 코끝이 찡하고 눈시울이 붉어진다. 마치 내가 아버지 없는 아이라고 놀림을 받는 것처럼 마음이 아프다.

이혼율의 급증으로 한 부모 가정이 늘고 있다. 불행한 사고로 부모를 잃는 경우엔 어쩔 수 없겠지만 부모의 이혼으로 눈에 넣어도 아프지 않을 자녀들이 상처를 받지 않도록 심사숙고하였으면 좋겠다.

오월의 푸른 햇살이 부모를 잃은 외롭고 힘든 아이들에게 더욱 찬란하고 풍성한 희망의 선물을 주었으면 좋겠다. 또한 그들이 구김살 없이 살아가도록 더 많은 배려와 용기를 주는 국가적 지원이 넉넉하였으면 좋겠다.

아비의 꿀 같은 사랑을 받는 행복한 손녀를 바라보니 나에게도 아버지의 사랑이 전해진다. 먹고 살기 힘든 시절, 사진 찍기가 사치였을 터이니 독사진 한 장 남기시지 못하고 수십 명의 단체 사진 속에서 겨우 찾은 희미한 아버지의 얼굴이 그리움으로 떠오른다.

그리운 아버지를 만나러 천국으로 떠나신 어머니와 함께 젊은 시절 누리시지 못한 부부의 정을 듬뿍 누리시길 간절히 기도한다.

(문예충북)

가족

분홍빛 안개처럼 꽃무리를 이루던 벚꽃의 행렬은 내년을 약속하며 봄을 떠났다. 눈을 매혹시키는 홍매화의 요염함도, 코끝을 유혹하는 꽃향기도 영원할 수 없음을 받아들이며 아쉬운 작별로 그들을 보낸다.

다가올 5월은 가정의 달이다.

5월은 꽃처럼 화려하지는 않지만 은은한 수향을 내뿜는 싱그러운 푸르름이 있고 가족 간에 정을 나누는 가정의 달이 있어 기대되는 달이다.

금년엔 특별히 한국관광공사에서 관광주간(5월 1일~5월 14일)을 설정하여 가족과 함께 알찬 여행을 즐길 수 있는 정보를 제공하고, 다수의 직장과 학교에서 휴가와 방학으로 가족들이 함께 시간을 보낼 수 있도록 계획하고 있다.

삶이 바쁘고 각박하여 한 집에 살면서도 얼굴 보기 힘들고 밥상머리에 온 식구가 둘러앉아 함께 식사할 시간조차 없는 현대사회의 가족을 위해 5월을 관광 주간의 달로 정한 것은 잘한 일이라 여겨진다.

우리나라의 자살률이 OECD(경제협력개발기구) 회원국 중 가장 높은 수준이라고 한다. 최근에는 청소년 자살이 급증하여 가정뿐 아니라 심각한 사회문제로 대두되고 있다.

청소년의 자살이 급증하는 것은 대부분 부모의 바쁜 사회생활로 자녀와 함께 하는 시간이 적어 대화 부족으로 아이들이 정서적으로 불안하기 때문이다. 이를 예방하기 위해서는 가족 간의 대화가 절실히 필요하다.

이번 관광 주간에는 가족과 함께 하는 시간을 마련하여 그동안 서운했던 이야기, 부탁하고 싶은 이야기, 힘들었던 이야기 등 가슴에 묻었던 응어리들을 풀고, 맛있는 음식을 나누어 먹으며 가족 간의 사랑을 돈독하게 하는 기회가 되기를 기대한다.

대부분의 사람들은 기쁘거나 슬플 때 가장 먼저 가족을 생각한다. 가족의 기쁨은 나의 기쁨이고 나 역시 기쁨은 가족과 함께하려 한다. 그러나 어느 통계에 의하면 가장 상처를 많이 주고 힘들게 하는 사람은 부모이며 다음으로 형제자매를 꼽았다.

요즘 가족 간에 벌어지는 놀랍고 슬픈 사건들은 우리를 충격에 빠뜨렸다.

지난 2월 네 명의 사망자를 낸 경기도 화성의 총기 난사 사건은 동생이 형님한테 생활비와 용돈을 요구하다 거절당하고 저지른 사고였고, 전 남편과 현 남편을 농약으로 살해하고 보험금을 탄 것도 모자라 분신인 딸까지 범행 대상으로 삼다가 덜미를 잡힌 비정한 여인 역시 가족보다 돈을 더 귀히 여겨 일어난 기막힌 사고였다.

아무리 살기 힘들고 황금만능 시대라지만 가족의 목숨을 이용해 보험금을 타낸 그 여인에게 가족의 의미는 과연 어떤 것이었을까? 아마도 그는 달콤하고 화려한 어리석었던 행복을 뒤늦게 후회하며 돈보다 귀한 가족을 그리워하리라.

가정과 가족의 소중함을 되새기고, 화목한 가정으로 건강한 사회를 만들자는 데 의미를 두고 있는 가정의 달 5월은 사고로 얼룩진 잔인한 4월의 기억을 씻어내고 기쁨의 달이길 간절히 바란다.

(충청타임즈)

편지

2013년의 마지막 캘린더를 건 지 며칠 지나지 않은 것 같은 데 세월은 어느새 12월의 중순을 넘어 종점을 향해 속력을 늦추지 않고 달리고 있다.

권세 있는 자도, 황금 덩어리를 한 짐 지고 있는 자도 시간을 멈출 수 없는 자연의 순리에 우리 인간은 묵묵히 따를 수밖에 없다.

한 해의 끝자락에서 지난날을 되돌아보며 하얀 종이에 한 해 동안 내가 한 일을 그리고자 하나 작년에도 그랬듯이 종이 한 구석에 손자 손녀를 돌보아준 것, 열심히 텔레비전을 본 것 이외에는 그릴 게 없어 후회스럽기 그지없다.

언제부터인가 세월이 빨리 가는 게 아쉬워 금년 한 해는 무언가 좀 더 보람 있게 살자던 연초의 계획은 또 허사가 되어 버렸다.

평범한 것이 가장 행복하다는 보통 사람들의 진리를 생각한다면 의식주衣食住에 크게 걱정 없었고, 자신이나 가족이 별 탈 없이 무사히 한 해를 보낸 것이 행복이었다. 나에게 행복을 주시는 하느님께 진심으로 감사드리며 이제 새해에는 받은 은혜에 대한 보답을 위해 정말 부끄럽지 않게 살아야겠다는 계획을 또 다시 세워본다.

연말이면 수북이 날아들던 크리스마스카드와 연하장이 사라진 지 오래되어 한 해 동안 안부 없이 지낸 그리운 이들이 어찌 사나 궁금하여 얼굴을 떠올린다.

무소식이 희소식이란 말을 당연하게 여기고, 바삐 산 탓에 그저 잘 지내거니 하다가 연말이면 떠오르는 것은 무슨 연유일까? 아마도 이제 나이 듦에 따른 허전함과 지난날의 짙은 향수 때문이리라.

휴대전화가 없던 시절에는 가끔씩 가족들과 친구들에게 편지를 보내며 안부를 확인하고 정을 나누었다. 색상지로 예쁜 꽃 장식을 하여 봉투를 만들고 붓펜으로 정성을 다해 사랑하는 마음을 담아 편지를 쓰며 받을 사람을 떠올리는 기쁨에 밤을 지새운 적도 있었다.

편지란 좋은 소식만을 전하는 게 아니기에 내용에 따라 기쁠 수도, 슬플 수도 있겠지만 진심이 담긴 편지는 때로 힘든 사람에게 위로와 용기를 주기도 한다.

오래전에 나는 재소자로부터 편지를 받은 적이 있다. 교회 잡지에 실린 내 글을 보고 위로를 받았다는 분으로부터 교회로 보내온 편지였다. 죄를 지을 수밖에 없었던 사연과 함께 출소하면 정직하게 살아가겠다는 내용이었다.

추운 겨울이어서 내복을 한 벌 사 보낸 후 연락이 끊어졌지만 몇 줄의 글이 그분에게 위로를 주었다는 생각에 더 좋은 글을 쓰기 위해 부끄럽지 않은 삶을 살아야겠다는 의지도 생겼다.

내 편지를 가장 많이 받은 사람은 두 아들이다. 두 아들이 군대에 입대하여 자대 배치를 받기 전 훈련병이었을 때 나는 하루도 빠지지 않고 편지를 보냈다. 훈련을 무사히 마친 두 아들은 내 편지가 힘든 훈련을 잘 견디는 데 큰 힘이 되었고 동료들에게 부러움까지 샀다는 고마움을 전해주어 흐뭇하기도 했다.

여고 시절에 편지를 잘 쓰는 친한 친구가 있었다. 내가 힘들 때 쪽지 편지로 많은 위로를 주었던 다정했던 친구가 50 초반의 나이에 뇌출혈로 세상을 떠나 편지는 끊어졌지만 가끔 힘들 땐 편지를 잘 쓰던 그 친구가 그리워진다.

지금은 편지 대신에 휴대전화로 마음을 전하는 세상이니 편지를 주고받는 사람이 많지 않다. 나도 최근에는 며느리들을 맞을 때 사돈 내외분들과 며느리들에게 자필로 장문長文의 편지를 쓴 이후로 기억이 없다.

편지 쓴 지가 오래여서 엄두가 나지 않겠지만 올 해가 다 가기 전에 나 자신에게 보내는 편지를 써 보아야겠다. 한 해 동안 부지런하지도 너그럽지도 못했으며 다른 이를 위한 희생과 봉사의 삶에 부족했으니 깊이 반성하고 다음 해의 다짐을 약속하는 편지를 써 나 자신에게 보내야겠다.

또한 가족들에게도 사랑과 진심이 담긴 짤막한 편지라도 써서 힘들게 일했던 한 해의 수고를 격려해주고, 밝고 희망찬 새해를 맞을 수 있는 힘을 보태주며, 소중하고 사랑스런 가족이 있기에 행복한 마음도 함께 전해야겠다.

(충청타임즈)

김장김치

며칠 전만 해도 무성하던 옥수수 밭은 부지런한 농부의 손길에 의해 고운 흙을 가지런히 모아 밭두렁을 만들어 놓았다. 시골에서 자랐기에 김장 무나 배추를 심기 위해 준비를 해놓은 거란 짐작이 갔다. 어느새 가을로 접어들고 있음에 한 해를 보내야 하는 아쉬움에 젖는다.

며칠 후 어느새 배추 씨앗을 뿌렸는지 뾰족뾰족 초록 이파리들이 귀엽기만 하더니 농부의 땀방울과 눈 맞춤에 손바닥만큼 커져 연노랑 고갱이를 품었다. 구부러진 등을 더 굽혀 배추를 동여매는 할머니 모습이 눈에 뜨이는 걸 보니 김장철이 다가오나 보다.

나도 주부이다 보니 벌써부터 김장 걱정이 된다. 요즘엔 집에서 김장을 하지 않고 주문하여 먹는 가정이 많은 것 같다. 나 역시 김장을 하느라 힘든 생각을 하면 쉽게 상품화된 김치를 사먹고 싶기도

하지만 이제껏 김치를 담가먹는다. 물론 내가 담근 김치 맛이 뛰어나게 좋아서도 아니고 돈을 아끼느라 그런 것은 아니지만 왠지 사 먹는 김치는 선뜻 마음이 내키지 않는다.

직장생활을 하다 보니 어쩔 수 없이 외식을 많이 하게 되는데 음식점에서도 선뜻 김치에 손이 가지 않는다. 물론 사먹는 김치도 갖은 양념에 정성을 들이겠지만 중국산 김치가 들어온다는 뉴스를 접한 뒤로는 더욱더 신뢰가 가지 않고 식욕이 당기지 않는다. 김치의 주재료인 고춧가루에 사람이 먹어서는 안 될 식용색소를 섞는다니 더 더욱 김치를 사 먹고 싶지 않다.

김장을 할 때면 어렸을 적 어머니께서 이웃집 아주머니와 함께 김장을 하시던 모습이 떠오른다. 옛날에는 김장을 하려면 며칠 전부터 마당 한구석에 깊이 구덩이를 파고 큰 항아리를 대여섯 개 묻은 후 김치가 추위를 피하고 눈을 맞지 않도록 짚을 엮어 김치광을 만드시는 게 먼저였다. 지금처럼 김치냉장고가 없었으니 겨우내 양식처럼 먹던 김치를 보관하기 위한 어른들의 지혜였던 것 같다.

배추김치, 총각김치, 동치미, 깍두기 거기에다 백김치까지 정성들여 담근 김치는 어렵던 시절 밥만큼 귀한 양식이었다. 쌀이 모자라 고구마로 점심을 때울 때는 김치를 한 대접 썰어다 놓고 함께 먹었다. 적당히 남은 아침밥에 물을 잔뜩 넣고 끓여 총각김치를 밥보다 더 많이 먹어 한 끼를 때웠으니 그 많은 김치도 봄이 되면 다 떨어져 집집마다 김치항아리가 비워졌다. 지금 아무리 김치냉장고를 잘 만들어 옛날 장독 항아리의 맛을 낸다고 하지만 땅속 깊이 묻어 잘 익었던 김치 맛을 따라갈 수 가 없는 것 같다.

어머니는 김치에 양념을 많이 하지 않으셨다. 식구들이 비린내 나는 음식을 별로 좋아하지 않아서인지 젓국이나 굴 따위도 넣지 않으셨지만 옛날 어머니가 담그신 김치처럼 맛있는 김치를 최근 들어 먹어본 적이 없다. 얼마 전까지는 어머니께서 김치를 담가주셨는데 어머니의 연세가 많아지시고 힘도 딸려서 이젠 내가 김치를 담그는데 어머니의 흉내를 내 보지만 그 맛은 도저히 따라 갈 수가 없다.

다행히 우리 아이들과 남편은 내가 담근 김치를 맛있게 먹어주고 우리 며느리도 내 김치 솜씨를 최고라고 인정해 주어 나는 힘이 들지만 집에서 열심히 김치를 담근다. 김치를 담그는 날은 남편도 열심히 도와주지만 역시 김치를 담그는 일은 정말 힘이 든다. 절이고, 다시 씻고, 양념을 준비하고, 버무리고, 거기에 뒷설거지까지 하고 나면 온몸이 쑤시고 아프지만 맛있게 먹어주는 식구들을 생각하면 흐뭇하기까지 하다.

금년에는 잦은 비로 인해 농사가 잘되지 않아 고춧값이 지난해의 배는 오르고 김장 김치용 배춧값도 만만치 않으리라는데 걱정이 앞선다. 벌써부터 김장 김치 담글 걱정이 되지만 힘 드는 만큼 온 가족이 맛있는 김치를 먹는 모습을 떠올리면 그저 힘이 솟는다.

(충청타임즈)

추석이 남긴 것

긴 추석의 연휴가 끝나고 각자 자신의 일을 위해 새로운 하루를 시작한다. 닷새의 추석 연휴는 많은 이야기들을 남기고 조용히 문을 닫았다.

짙은 쌍꺼풀에 인조 눈썹을 단 것처럼 속눈썹이 길고 곱슬머리를 흔들며 콩콩거리고 뛰놀던 첫돌 지난 손녀의 모습이 거실에 아른거린다. 터질 것 같은 통통한 빨간 입술을 오물거리며 밥을 받아먹는 귀여운 모습이 정물화처럼 식탁에 남아 있다.

며느리 셋이 제사음식을 준비한다. 여름휴가를 함께 즐기고 한 달 만에 만난 그들은 밀린 이야기꽃을 피운다. 그들의 다정한 모습도 눈에 선하다.

며느리 셋은 키도 얼굴도 많이 닮았다. 내 보기에 늘씬한 키에 탤런트 못지않은 미인들이다. 지혜롭고 심성도 곱다. 직장생활과 육아로 힘들겠지만 내색하지 않고 명절을 지내기 위해 정성을 다한다.

나는 며느리들의 일손을 덜어주려고 며칠 전부터 김치를 담그고 밑반찬을 준비한다. 제사 음식은 푸짐한 것보다 정성이 더 중요하다고 여겨 손이 많이 가고 까다로운 제사 음식을 피하고 힘이 덜 들도록 메뉴를 정한다. 아들들은 쓰레기를 분리하여 내다 버리고, 아이들을 보살피며 설거지를 도와주고, 남편은 제사상을 차리고 청소기를 돌린다.

명절의 의미는 조상님을 기억하고 은혜에 감사하며 떨어져 사는 가족을 만나 즐기는 데 있다. 푸짐한 음식을 장만하여 제사상을 차리고 절을 한들 자식들의 심기가 불편하다면 아무런 의미가 없을 것이다. 추석 명절을 지내는 동안 가족 모두의 마음이 즐겁지 못하고 일에 지쳐 가족 간에 언쟁이 오가고 불평으로 인해 갈등이 깊어지고 상처를 남긴다면 무슨 의미가 있을까?

웃음소리 남겨진 명절의 축제장엔 더러 우울한 그림자도 서성인다. 올해 추석에도 광주의 한 아파트에서 여행을 가기로 한 계획을 바꿔 갑자기 친정집에 가겠다고 한 부인의 뺨을 때려 가정폭력범죄의 처벌 등에 관한 특례법 위반으로 입건이 됐다는 기사에 마음이 착잡하다.

음식을 준비해야 하니 며칠간 자고 갈 것인지 투표해 달라는 시어머니의 문자를 보고 추석에 시댁과 친정에 각각 한나절씩만 다녀오기로 계획을 세웠던 며느리가 카톡 투표에 '자고 가지 않음'이라는 항목이 없어 회사 방침이라고 시어머니가 볼 수 없도록 메신저를 옮겼단다.

이 기사를 보며 혹여 우리 며느리들도 명절에 대한 부담으로 힘들어 하는 것은 아닐까 염려가 되고 연휴 동안 사흘 밤을 자고 간 둘째 며느리가 기특하고 고마웠다. 친정과 시댁의 우선순위가 없는 요즘 시어머니와 며느리 중 어느 한 편에 손을 들어줄 수는 없지만 서로를 이해하고 사랑하는 좀 더 현명한 지혜가 필요한 명절인 것 같다.

지난 추석연휴에 인천공항 이용객이 100여만 명에 육박하여 역대 명절 중 가장 많은 이용객을 기록하였다고 한다. 앞으로는 이보다 더 많은 사람들이 명절연휴에 해외로 나갈 것이라 예상된다. 긴 연휴를 이용하여 명절을 즐기는 것은 각자의 소신이다. 그러나 이로 인해 부모 자식, 형제간에 갈등이 없도록 사전에 이해와 협조가 있는 여행이면 좋겠다.

추석은 다소의 씁쓸함을 남기기도 하지만 대부분 가족의 소중함과 즐거움을 준다. 바쁜 삶으로 서로가 그리워도 자주 못 만나는 요즈음 명절을 통하여 가족이 만나 아이들의 재롱을 보고 성장하는 것을 보는 보람과 기쁨을 나누는 좋은 기회를 선물한다. 점점 우리 고유문화인 명절의 의미가 퇴색되고 있다. 추석이 끝나면 이혼율이 급증한다고 한다. 추석의 후유증으로 가족들에게 상처를 남기는 불행한 일이 없도록 힘든 일은 서로 나누고 도와주어 추석이 남긴 아름다운 추억들이 다음 명절을 설레며 기다리는 힘이 되었으면 좋겠다.

(충청타임즈)

2

호랑나비의 우화 羽化

애벌레가 점점 자라 번데기가 되더니 드디어 번데기를 뚫고 젖은 날개를 비비며 나비가 되어 나오자 손자의 얼굴엔 함박웃음이 번지며 기뻐했다.

호랑나비의 우화羽化

온 산야에 파스텔 톤의 멋진 수채화가 펼쳐졌다. 예년과 달리 차례를 기다려 피던 꽃들이 금년엔 기상의 이변으로 한꺼번에 피었고, 빈번한 미세먼지에 외출을 자제하여 봄꽃 잔치의 아쉬움을 남긴다.

꽃잎 위를 나풀거리는 나비의 출연은 우리의 가슴을 설레게 한다. 누구나 한 번쯤은 나비처럼 아름다운 빛깔과 예쁜 무늬의 날개를 달고 하늘을 날고 싶다는 생각을 했을 것이다.

꽃 사이를 날며 꽃가루를 나르는 나비를 바라보며 손자를 떠올린다. 아홉 살인 손자는 과학자가 꿈이다. 특히 곤충에 관심이 많아서 과학 도서를 즐겨 읽는다. 생태학습에 흥미가 있어서 기회가 있을 때면 제 엄마와 함께 현장학습에도 열심히 참여한다.

지난해 여름, 손자는 생태학습에 참여하여 2㎝가량의 호랑나비 애벌레 두 마리를 분양 받았다. 책과 인터넷을 통하여 애벌레를 키우는 방법을 조사하고, 향이 있는 잎을 먹여야 한다며 외가가 있는 먼 곳까지 가서 탱자 잎을 따오곤 하였다. 손자는 먹이를 먹는 애벌레의 모습이 귀엽다며 열심히 먹이를 주고, 나들이를 가는 날엔 애벌레도 함께 갈 정도로 정성을 쏟았다.

애벌레가 점점 자라 번데기가 되더니 드디어 번데기를 뚫고 젖은 날개를 비비며 나비가 되어 나오자 손자의 얼굴엔 함박웃음이 번지며 기뻐했다. 아직 장난감이나 게임에 즐겨할 아이의 얼굴에서 곤충을 사랑하며 피어나는 미소를 보는 가족의 마음도 흐뭇했다.

손자는 자기 스스로 부화시킨 고운 나비를 곁에 두고 싶었겠지만 나비의 행복을 빌며 하늘을 향해 날려주었다. 한 마리는 정성껏 키워주어 고맙다는 날갯짓을 하고 힘껏 날아갔으나, 한 마리는 힘이 없이 날다 아래로 떨어져 푸득거렸다. 나비는 손자의 정성과 슬픔을 아는 듯 날아보려 애쓰는 듯했으나 서서히 날갯짓이 느려지더니 끝내는 미동이 없었다.

"나비야, 주인을 잘못 만나 네가 날지 못해서 미안해. 정말 미안해. 하늘나라에 가서 행복하게 잘 살아."

손자는 나비를 손바닥에 올리고 엉엉 소리 내어 슬피 울었다. 우는 오빠를 따라 여섯 살 손녀도 나비가 불쌍하다며 함께 우는 바람에 식구들까지 눈시울을 붉혔다.

손자를 달래며 화단에 심겨진 소나무 밑에 묻어주자고 했지만 나비가 너무 불쌍해서 못 묻는다고 떼를 써서 며느리가 하얀 유리병에 넣어 사흘을 냉장고에 보관하였다. 수시로 냉장고 문을 열고 나비를 보는 손자의 모습이 너무도 슬퍼보였다. 나비는 식구들의 설득 끝에 손자가 나무 밑에 묻어주었다.

나비의 죽음이 자신의 잘못이라 생각하고 말 못하는 곤충의 생명을 소중히 여기며 사랑하는 손자에게서 생명의 소중함을 배우며 어른으로서 부끄러움을 느꼈다.

이 세상의 모든 생명체는 소중하다. 작은 나비도 이렇듯 사랑하고 소중히 여기는데, 하물며 열 달을 자기 몸속에 품었다가 세상 밖으로 나온 귀한 자식을 어찌 학대하고 목숨까지도 빼앗을 수 있을까? 세상을 떠들썩하게 하는 자격 없는 일부 부모들이 저지르는 잔인한 행동에 화가 난다.

번데기가 허물을 벗고 나비가 되어 하늘을 나는 것을 우화羽化라고 한다. 나비는 우화할 때 가장 위험해서 우화 도중 잘못하여 땅에 떨어지면 날개가 펴지지 않고 굳어버려 살아나지 못한다. 일부 인면수심의 어른들이 자녀들의 가냘픈 날개를 찢어서 세상을 날아보지도 못하고 추락하는 슬픈 일이 더 이상 없기를 바란다.

요즘 손자는 상추 잎에 붙어온 달팽이를 사랑과 정성으로 키우고 있다. 곤충을 사랑하는 손자가 인류의 생명 존중에 앞장서는 훌륭한 과학자가 되기 바란다.

(충청타임즈)

내 인생의 봄날

옷장 깊숙이 걸려 있던 남편의 짙은 회색 두루마기를 손질하는 내 마음엔 기쁨과 아쉬움, 허전함이 뒤엉킨 야릇한 감정이 일었다.

남편의 고희를 앞두고 가족, 친척과 지인 몇 분을 모시고 아들과 며느리가 준비한 식사 자리에 입고 갈 옷을 손질했다. 남편 정년퇴임식 때 선물을 했던 두루마기를 꺼내어 동정도 살피고 구겨진 부분을 다림질하면서 세월의 흐름을 실감하였다.

어느새 검은 머리보다 흰머리가 온통 뒤덮인 남편의 얼굴은 아직 그리 노인을 실감할 정도는 아니다. 화장품을 바르지 않아도 뽀얀 얼굴에 피부도 좋고 준수한 용모이기에 고희를 맞는 노인으로 보이지 않는다.

젊어서는 많은 이들로부터 미남 소리를 들었고 그런 남편과 함께 사는 나는 자랑스러웠다. 그런데 고희古稀라니! 인정하고 싶지 않지만 그건 나의 욕심일 뿐 자연의 순리를 따르는 게 우리의 운명이라면 겸손하게 받아들여야 될 일이다.

지인의 중매로 결혼한 지 42년을 사는 동안 다른 부부처럼 사소한 말다툼도 많이 했고 작은 행복과 기쁨을 함께했다. 서로에게 부부로서의 도리를 크게 벗어나지 않았고 행복한 가정을 꾸리기 위해서도 노력했다. 아들 삼형제도 착하고 바르게 자라 주었고, 감히 남들 보기에 문제 가정의 손가락질을 받지는 않았으리라는 겸손하지 못한 생각도 해본다.

남편은 집념이 강하고 의지가 강하며 성실한 사람이다. 같은 교직에 근무하면서 그가 40년의 교직생활을 하는 동안 정말 성실한 사람이라는 걸 여러 번 느꼈다. 이름을 날리는 훌륭한 교육자로 인정을 받지는 못했지만 내가 보기엔 책임을 다한 진정한 교육자였음을 인정해주고 싶다.

정년퇴임을 하고 학교밖에 모르던 그가 걱정되었는데 그는 사진기를 준비하더니 매일 저녁 사진에 관한 책을 독파하며 좋은 사진 찍는 방법을 연구하였고, 친구들과 함께 골프도 치며 제2의 인생을 시작하였다.

처음엔 너무 깊이 자신의 취미생활에 빠지는 그가 다소 생소하고 그의 관심에서 밀려나는 느낌에 서운한 마음이 들었으며 아직 현직에서 힘들게 일하는 나와는 달리 여유를 즐기는 그에게 불만도 있었다. 그러나 많은 사람들이 퇴직 후 갑작스런 변화에 외로움과 우울증을 동반할 수도 있다는 우려를 생각하면 남편의 생활 변화를 다행으로 여겼다.

그는 사진을 찍으러 좋은 소재를 찾기 위해 여행을 즐기고 각종 사진촬영대회도 출품하여 여러 차례 수상의 영광을 얻었고, 사진작가로서 신뢰 받는 가톨릭 사진가협회 회장으로 왕성한 활동을 하고 있다.

그의 사진 인생은 우리 부부에게 아이들 키우고 직장생활하느라 누리지 못했던 인생의 즐거움을 누리게 해주고 있다. 아직은 어려서 돌보아주어야 할 손주 녀석들에게 다소의 시간을 할애하는 일 이외에 우리 부부는 시간만 있으면 여행을 떠난다.

여행 준비물 중 필수품은 그의 값나가는 사진기이며 내가 준비한 도시락과 간식 가방이다. 맑은 공기를 마시고 아름다운 자연을 감상하며 여유 있는 식사를 즐기는 기쁨과 함께 여행 경비도 절약을 할 수 있는 우리만의 알뜰한 여행스타일이다. 사진을 찍느라 전국을 누빈 그여서 계절에 따라 경치와 볼거리가 좋은 곳을 다 알기에 특별한 여행 가이드가 필요 없다.

봄이면 온갖 꽃들이 잔치를 벌이는 곳을 찾아 아름다움에 취하고, 여름이면 시원한 계곡의 그늘에서 맨발로 물장구도 치며, 가을에는 붉게 물든 단풍의 무대를 배경으로 그와 나만의 멋진 영화를 찍는

다. 추운 겨울이면 손을 호호 불면서도 멋진 설경을 사진기에 담아내는 그의 정열은 지칠 줄 모르고 나 역시 추위를 견디며 성실한 그의 모델이 된다.

그의 나이 70은 아직 나에게 낯설다. 다소 그의 기억력이 떨어지는 부분이 있긴 하지만 운전대를 잡고 달리는 그의 모습은 믿음직스러운 남편이며, 매일 신문을 숙독하고 뉴스를 놓치지 않는 모습에서 고상한 품위를 느끼며, 젊은이 못지않게 휴대폰을 활용하는 그에게서 아직은 내가 믿고 기댈 든든한 바위임에 흐뭇하다.

젊은 시절, 부모님께 받은 유산 없이 자수성가하고 아이들 키우며 직장 생활하느라 힘들었던 세월을 혹독한 겨울로 생각하며 이제 남은 인생의 계절은 그와 나의 영원한 환희의 봄이라 느끼며 살고 싶다. 고희를 맞는 남편에게 가족을 위해 수고한 감사의 메시지를 들려주고, 그의 건강을 위한 기도와 영원한 사랑의 약속을 선물로 주어야겠다.

살다 보면 찬바람 부는 겨울이 오기도 하겠지만 긍정의 힘으로, 비우는 마음으로, 겸손으로 감싸주고 사랑하며 사노라면 봄의 환희처럼 밝은 웃음이 우리 곁에 함께해주리라 믿는다.

아직 계절의 봄소식은 멀었지만 내 마음은 벌써 섬진강의 매화꽃이 만발한 봄의 동산에서 활짝 웃으며 그의 카메라 앞에 서 있다.

(푸른솔문학)

외양간과 곳간

모내기로 채워진 들녘을 바라보면 마음이 흐뭇하다. 이맘때면, 나는 묘판에서 옮겨진 여린 모들이 땅의 기운을 받아 초록의 물결을 이룬 논두렁을 거닐며, 귀 기울여 개구리 소리를 즐겨 듣던 추억에 젖는다.

한여름, 시골에선 어두워야 저녁을 먹었다. 모내기가 끝나면 밭 일이 많아져 어른들이 일을 끝내고 돌아오셔야 희미한 호롱불 아래 멍석을 펴놓고 늦은 저녁을 먹었다. 별이 반짝이는 여름 밤, 마당 한구석에 피워놓은 모닥불의 구수한 냄새가 코끝을 스치고, 재를 남기며 타닥거리는 소리는 음악처럼 들렸다.

저녁 식사가 끝나고 삶은 옥수수를 먹는 시간, 잠시 외양간을 둘러보시던 작은아버지께서 소가 없어졌다고 소리를 치셨다.

내가 초등학교 4학년이었으니 그 시절의 소는 우리 집의 일꾼이요,

재산이요, 가족이었다.

갑작스런 소의 탈출로 혼비백산이 된 우리 가족은 호롱불을 들고 이 골목 저 골목을 샅샅이 뒤지고 철길을 넘어 들판으로 향했다. 소가 없어졌다는 소식이 알려져 동네 아저씨들이 모두 찾아 나선 덕분에 다행히 밤늦게 개울에서 소를 찾았다.

그 어두운 밤, 먹이도 충분히 주었는데 소가 왜 탈출했을까 알 수 없지만, 차일피일 외양간을 고친다면서도 일이 바빠 손을 대지 못한 탓에 하마터면 귀한 소를 잃을 뻔했다. 소를 찾은 다음 날 작은아버지께서 외양간을 튼튼하게 손을 보아 다시는 소가 몰래 집을 나가는 일이 없었다. 이 일로 나는 "소 잃고 외양간 고친다."는 속담을 생각하며 신중하게 살피고 단속하는 습관이 생겼다.

얼마 전 서울 지하철 2호선 구의역에서 스크린 도어를 홀로 수리하던 19세의 청년이 열차에 치어 사망했다. 두 사람이 해야 하는 작업을 혼자 하다가 일어난 사고였다.

한 청년의 죽음 뒤에는 낙하산을 타고 내려온 정규직들이 고임금을 받으면서 정작 일을 해야 하는 직원들을 비정규직으로 내몰아 박봉에서 일하게 만든 탓에 한 사람을 억울한 죽음으로 몰아넣은 것이다.

착하고 성실했던 청년은 우리 모두의 귀한 자식이다. 그 사랑하는 자식이 대학에 갈 돈을 스스로 벌겠다고 나섰던 희망의 길이 비리로 얼룩진 허술한 메트로시티의 운영 탓에 기차 바퀴에 무참히 사라졌다. 이런 일을 당한 정부는 뒤늦게 외양간 고치기에 나섰다.

굴지의 대기업 대우조선이 어려움에 처해 있다. 조선 해양에 공적자금으로 투입한 혈세가 7조 원이요, 전 국민이 1인당 13만 5천 원씩을 대우조선에 준 셈이란다. 차장급 직원은 회사 돈 180억 원을 횡령했고, 기업부실로 공적자금을 지원받은 와중에도 정치권, 정부, 산은의 낙하산 인사들은 억대의 연봉과 함께 차량과 비서 등의 각종 특혜성 지원을 챙겼단다.

곳간을 맡긴 주인이 감시를 잘못하여 곳간 열쇠를 쥔 자들이 자기 것인 양 마음대로 퍼 날라 곳간이 통째로 비는 줄도 몰랐단다.

이렇듯 우리나라엔 부실한 외양간이 많아서 인명 피해가 속출하고, 곳간에 쌓아둔 곡식들을 도둑맞는 사고가 잦다. 그런데도 외양간과 곳간을 고치고 단속해야 할 사람들은 바쁜 일들이 많아서 정신이 없다.

정부가 다시는 허술한 외양간 탓에 국민들이 슬퍼하고, 분노를 느끼는 불행한 일이 일어나지 않도록 안전하고 튼튼하게 외양간을 고치고, 곳간 열쇠를 잘 간수하여 국민들이 피땀 흘려 지은 곡식을 양심 없는 자들이 자기 집 곳간으로 옮겨다 쌓아두는 일이 없도록 더욱 관심을 기울여 주었으면 좋겠다.

(충청타임즈)

시계

모든 어머니들은 다 훌륭하시지만 특히 내 어머니는 이 세상 어떤 어머니보다 훌륭한 분이었다고 생각하며 늘 감사함을 잊지 않는다.

나는 대학에 다닐 때도 시계를 차지 못했다. 형편이 괜찮은 친구들이 시계를 차고 다니는 게 부러워 집안 언니가 멋으로 차고 다니던 고장 난 손목시계를 며칠 빌려 차고 친구들이 시간을 물을까 봐 옷소매 깊숙이 시계를 차고 몰래 들여다보며 그래도 시계를 찼다는 생각에 흐뭇했다.

아파트 담장을 기어오르는 붉은 장미를 보아도, 코끝을 스치는 아까시의 향내에서도 그리운 어머니의 은혜를 생각하게 하는 5월이다.

어쩌다 새벽녘에 잠이 깨는 날이면 아련하게 새벽을 알리는 고향집 앞산의 절에서 울리던 종소리가 들리는 듯하여 내 마음은 여학교 시절의 고향집으로 달려간다.

그 종소리를 마지막으로 들은 지 40여 년이 훨씬 지났는데도 내 귓가에는 여전히 종소리를 잊을 수가 없다. 나는 어머니의 정성으로 6년 동안 기차를 놓친 적이 한 번도 없었다. 행여 기차를 놓칠까 잠을 못 주무시고 나를 깨우느라 고생하셨을 어머니의 모습이 선하다.

시골 초등학교를 졸업하고 50여 리나 떨어진 충주의 중학교에 입학한 후 새벽 6시 기차를 타야 학교에 갈 수 있는 나를 위해 어머니는 새벽 4시쯤 울리는 절의 종소리를 듣고는 아침 준비를 하셨다.

내가 중학교에 다니던 시절에는 모두가 가난하여 시계가 있는 집이 거의 없었고 설령 있다 해도 사발시계(탁상시계)는 자주 고장이 나서 시계에 의존하기보다 낮에는 문창호지를 붙인 방문의 문살에 비치는 해의 그림자로 때를 대충 알았고, 밤에는 달의 위치나 절, 교회 등의 종소리로 때를 짐작하였다.

우리 집도 형편이 좋지 않아 시계라고는 한 개도 없었기에 어머니는 기차통학을 하는 나의 아침밥을 지으시기 위해 중학교 3년, 고등학교 3년을 거의 밤잠을 주무시지 못했다. 그러나 시계가 없어도 어머니가 늦잠을 주무셔서 아침을 굶고 간 적이 한 번도 없던 기억에 혼자 소리 없는 웃음을 자아낸다.

그렇게 갖고 싶었던 시계를 교사 발령을 받고도 몇 개월이 지난 후에야 사서 찰 수 있었고 어머니에게도 적금을 부어 목돈을 마련하여 시계를 사드려 어머니는 무척이나 기뻐하셨고 자랑스럽게 시계를 차고 다니셨다.

지금 우리 집에는 그토록 구하기 어렵던 시계를 화장실 벽에도 걸었다. 식구들 모두 손목시계도 있고 방마다 시계가 있으나 시계가 소중하다거나 귀하다는 생각은 않는 것 같다.

이제 보석상의 진열장에서나 볼 수 있었던 시계는 시장통 좌판에서도 싸게 팔고 있어 돈이 없어 시계를 사지 못하는 사람은 없을 것이다. 물론 고가의 시계는 상상도 못 할 만큼 비싸지만 하나의 사치품이 아니고 그저 시간을 알아보기 위해서라면 아이들 장난감만큼이나 쉽게 구할 수 있다.

아니 어쩌면 국민 대부분이 들고 다니는 휴대폰을 통하여 시간을 알 수 있으니 점점 시계의 필요성이 사라지고 있는 것 같다. 이렇게 흔한 시계를 볼 때마다 나는 시계가 없어 고생하시던 어머니를 떠올린다.

어찌 어머니가 시계 때문에만 고생을 하셨으랴!

평생 딸 하나를 위해 자신을 완전히 희생하신 어머니에게 효도 한번 제대로 하지 못하고 하늘나라로 떠나시게 한 나는 늘 어머니 생각에 가슴이 아프다.

시계방을 지나도, 예쁜 옷집을 지나도, 맛있는 음식점을 지나도 어머니 생각에 눈시울이 뜨거워지고 가슴이 아픈 5월이다.

(충청타임즈)

숨바꼭질

가로등도 없는 시골의 초저녁 골목길은 무서웠지만 즐겁게 노는 아이들의 웃음소리는 그칠 줄을 몰랐다. 학교 공부만 끝나면 학원에 가지 않아도 되었고 과외 공부도 없었으니 아이들은 마냥 친구들과 어울려 즐겁게 놀았다.

어둠이 짙어야 들에서 일을 끝내고 돌아오신 어머니께서 저녁을 지어놓고 부를 때까지 시골의 아이들은 밖에서 고무줄놀이, 비석치기, 자치기, 숨바꼭질로 시간 가는 줄 모르고 놀았다.

나는 형제 없이 혼자 자랐고 이웃에 또래 친구가 없어 늘 나이가 두세 살 많은 언니들과 어울려 놀았다. 그러다 보니 숨바꼭질을 할 때엔 늘 술래를 많이 하게 되었는데 주로 저녁에 했던 놀이여서 여기저기 숨은 언니들을 찾아다니자면 무서웠다. 길게 누운 나무 그림자가 마치 귀신같이 보여 무서웠고 볏짚을 쌓아 놓은 곳에서 무엇이 튀어나올 것만 같아 꼭꼭 숨은 언니들을 찾는 게 힘들었지만 왜 그리도 숨바꼭질을 하고 싶어 했는지 지금 생각하면 웃음이 나온다. 아마도 그 놀이를 함께 하지 않으면 언니들이 다른 놀이도 끼워주지 않았기 때문이었던 것 같다.

나는 지금 돌이 갓 지난 손녀 예솔이와 아파트 거실에서 숨바꼭질을 한다. 내 어릴 때와 달리 언제나 우리 예솔이가 술래가 되고 나는 숨는 사람이다. 예솔이는 거실에서 이곳저곳 기어다니며 숨은 할머니를 찾느라 바쁘다. 문 뒤에 서서 틈 사이로 이곳저곳 두리번거리며 할머니를 찾는 예솔이의 모습이 너무도 귀여워 혼자 웃으며 지켜본다.

술래가 된 예솔이를 위해 나는 '야옹' 고양이 소리를 내다 '멍멍' 소리를 내기도 한다. 그러면 예솔이는 감을 잡았다는 듯 고개를 끄덕이며 쏜살같이 기어온다. 할머니를 발견한 예솔이의 얼굴에는 환한 웃음이 번지고 나는 예솔이가 너무도 예쁘고 귀여워 번쩍 안고 뺨에 사랑의 뽀뽀 세례를 퍼붓는다. 내 어릴 적에 했던 숨바꼭질보다 열 배 스무 배 재미있고 행복하다. 그러나 이내 내 마음은 그리움으로 젖는다. 어둠이 짙어질 무렵까지 집에 들어가지 않고 숨바꼭질을 하던 나를 부르던 머리에 하얀 수건을 쓰신 어머니의 모습과 어릴적 친구들이 생각나고 우리 아이들을 셋이나 기르면서 나처럼 숨바꼭질을 하며 고생하셨을 어머니가 생각나 눈시울이 뜨거워진다.

아기를 보기 전에는 학교에 출근하여 아이들 가르치는 일이 가장 힘 드는 일이라 생각했는데 아기를 키우고 보니 차라리 그때가 덜 힘이 든 것 같다. 이렇게 힘든데 친정어머니께서는 외손자 녀석 셋을 키우셨으니 얼마나 고생이 많으셨을까! 어머니께서도 많이 힘드셨겠지만 아마도 사랑스런 외손자들의 재롱에 잘 견디셨으리라는 생각도 해보지만 살아계실 때 은공을 갚지 못하여 하늘에 계신 어머니께 죄송하고 진심 어린 감사를 드린다.

언제까지 예솔이가 나와 함께 있는 시간을 재미있어 할지 모르지만 예솔이의 친구가 되어 행복한 숨바꼭질을 하고, 우리 어머니께서 내 아이들을 정성껏 기르신 것처럼 찬솔이와 예솔이에게 정성을 쏟아 예쁘고 건강하게 자라도록 돌보아 줄 생각이다.

먼 훗날 우리 찬솔이와 예솔이가 어린 시절을 돌아보며 행복의 미소를 지을 때 어렴풋이 할아버지, 할머니도 함께 기억해준다면 고맙겠지만 그건 나의 욕심이리라.

(충북수필)

행복한 눈물

소리 없이 조용히 비가 내린다. 명동 성당에서 마지막 미사를 마치신 교황님께서 떠나실 시간이 다가오자 내 마음 한 구석이 텅 비워지듯 허전하다.

프란치스코 교황님께서는 고령의 연세에도 4박 5일 동안 쉬실 틈 없이 미사를 집전하셨고, 아시아 청소년대회에 참가한 청소년들에게 희망의 메시지를 전해주셨다. 또한 이 땅에 천주교의 뿌리를 내려주신 123위 순교자들을 시복하셨고, 꽃동네를 방문하여 정신적 육체적 어려움을 겪고 있는 이들에게 위로와 격려를 해주셨다.

종교를 초월한 교황님의 아시아 첫 방문은 세계의 눈과 귀를 우리나라에 집중시켰고, 가시는 곳마다 수많은 인파를 몰고 왔으며 그 분을 존경하는 환호가 이어졌다.

미국 시사주간지 〈타임〉은 '2013년 세계에서 가장 영향력 있는 인물'로 프란치스코 교황님을 선정했다. 그런 훌륭한 분이 우리나라에 오신다는 소식을 듣고 세례를 받은 지 오래되었으나 믿음이 부족한 나에게 교황님의 방한은 기쁘기 그지없었다. 나는 4박 5일 동안 교황님께서 집전하시는 모든 미사와 행사를 텔레비전 앞에서 지켜보며 감동과 반성과 후회의 눈물을 흘렸다.

실시간 문자참여로 교황님께 드리는 기도문에는 '천주교 신자가 아니라 무종교, 타종교 사람들도 감동의 눈물을 흘렸다. 교황님을 보며 희망과 용기가 생겼다. 미워했던 사람을 용서하며 화해하겠다.'는 글들을 올렸다.

아마도 이런 감동들은 교황님의 신앙적인 삶에서 묻어나는 겸손, 희생, 봉사, 사랑의 정신을 실천하는 성자의 모습 때문일 것이다.

나는 '교황님과 함께하는 아시아 청소년 대회'에 참가하는 브루나이 청소년 신자들의 민박을 봉사하는 은총을 받았다.

3박 4일 동안 숙식을 제공하고 그들의 일정에 맞춰 차로 이동을 시켜주느라 잠을 설쳤지만 봉사의 기쁨과 보람으로 즐거웠다. 민박 마지막 날 밤, 거실에 마련한 조촐한 파티에서 김치와 풋고추에 고추장을 맛있게 드시는 소탈한 브루나이 주교님과의 시간도 갖게 되어 교황님의 방한은 더욱 나에게 큰 의미를 갖게 되었다.

민박 가정의 신자로 해미에서 이루어진 파견미사에는 가족들이 참여하여 교황님을 직접 뵈었다. 교황님이 지나가시는 통로의 펜스 옆에서 두 시간을 넘게 기다린 끝에 아주 가까이에서 모습을 뵐 수 있었다.

아기를 보실 때마다 지나치지 않으시고 멈추시어 당신 품에 안아 주시며 천사 같은 미소로 입맞춤하시던 교황님의 모습은 보는 이들 모두의 마음을 평화와 사랑에 빠져들게 하셨고, 온화한 미소로 강복을 주시는 살아 있는 성인을 곁에서 뵌 기쁨에 나는 드디어 행복한 눈물을 흘렸다. 그리고 미사 시간 내내 천주교 신자로 부끄럽지 않게 살겠다는 다짐을 했다.

미사에 참여한 모든 사람들의 행복한 모습에서 고통받고 소외된 이들을 사랑하시며, 낮은 자로 살아가시는 교황님의 모습을 통하여 그분께서 우리에게 주신 삶의 지향이 무엇인지 생각하며 살아가겠다는 의지의 모습을 볼 수 있음도 큰 기쁨이었다.

교황님께선 명동성당의 '평화와 화해를 위한' 마지막 미사에서 위안부 할머니들의 손을 잡고 위로를 해주셨으며 성경구절을 인용하여 '죄 지은 형제들을 용서하라.'는 그리스도의 메시지와, 세계 유일의 분단국가인 남북한의 평화와 화해를 위한 노력의 말씀도 해주셨다.

성찬예식 중 울려 퍼진 성가대의 '우리의 소원은 통일'을 들으신 교황님께서 통일이 이루어지는 그날까지 우리나라를 위하여 더욱 많은 기도를 해주시리라 믿으며 이제 우리는 교황님의 방한 의의를 가슴 깊이 새기고 종교적 의미를 떠나 모든 국민이 함께 화해와 용서 속에 통일을 위한 기도에 동참하리라 기대한다.

(충청타임즈)

우환憂患

금년도 어느새 중반에 와 있다. 새해의 부풀었던 희망을 외면한 금년 전반기는 우환으로 인하여 나를 힘들게 했다.

김연아 선수의 금메달 소식을 기대하며 밤늦도록 지켜보던 날, 남편은 탁자에 부딪치는 사고로 얼굴뼈가 부서지는 바람에 4시간의 긴 수술로 20여 일을 병원에서 보냈다. 남편은 또 5월 초, 구안와사로 20여 일을 병원에 입원하는 불운을 겪었다. 다행히 훌륭한 의사들을 만나 치료를 잘한 덕분에 지금은 완쾌하여 정상적인 생활을 하고 있다.

나는 어려서부터 병약하여 병원을 많이 찾았다. 병원을 찾을 때마다 친절한 간호사와 의사에 따라 내 병은 치유 속도가 달랐다. 소심하고 겁이 많은 탓에 간호사의 친절과 의사의 자상한 한마디가 병원에 다녀온 순간 반은 낫는 것 같은 느낌이었고, 혹여 불친절하거나 이례적인 진찰을 하는 날엔 중병이라도 걸린 듯 마음까지 무거워 쉽게 병이 낫질 않았다.

남편을 치료해준 의사선생님들은 지금까지 만난 의사 중 가장 신뢰가 가고 감사하는 마음이 절로 생기게 하는 분이었다. 수술 전 친절하게 환자의 상태를 설명하며 나를 안심시켜주었다. 4시간의 수술을 마치고 수술실을 나오는 성형외과선생님의 이마와 머리칼이 땀으로 젖은 모습에 진심으로 감사하다는 말이 절로 나왔다.

하루에 세 차례씩 침을 놓아주며 매일 최선을 다해 치료해주겠다는 한의사선생님의 말씀은 완치의 확신을 주었으며 혹시 돌아간 입이 돌아오지 않을까 하는 불안함과 조바심을 털어낼 수 있었다.

두 번의 병원생활을 끝내고 집안에 우환이 있으면 가정생활이 마비된다는 생각에 건강만큼 중요한 일이 없음을 절실하게 느꼈다. 그리고 항상 환자에게 웃으며 친절하게만 대할 수 없는 그분들의 힘들고 어려움에 대해 이해하고 나 자신의 인색했던 웃음과 친절에 대해 깊이 반성을 했다.

내가 돌보아주던 손자 손녀는 사돈댁에 신세를 졌고 직장 때문에 힘든 자식들은 쉬어야 할 주말을 병원에서 함께했다.

가족 중 한 사람이 아프면 환자 자신만의 문제가 아니라 집안 전체가 다 힘이 든다. 자신의 몸을 잘 지키는 게 행복한 가정을 이룰 수 있음도 절실하게 깨닫게 된 병원생활이었다.

지금 우리나라는 우환 중이다. 수백 명의 어린 아들딸들을 세월호의 사고로 잃고 슬픔에 빠져 있다. 세월호 참사의 원인 규명과 책임자는 아직도 오리무중이고, 아직도 희생된 12명의 실종자는 찾지 못하여 유족과 이를 지켜보는 국민 모두의 근심이 깊어지고 있다.

온 나라가 발칵 뒤집힐 정도로 찾는 어떤 가족 일가는 도대체 어디에 숨었는지 수억의 현상금을 걸어도 찾지 못하여 애를 태우고 있으며, 기상 이변까지 겹쳐 다 된 농사에 우박을 쏟아부어 자식처럼 정성을 들여 키운 수박에 구멍이 나고 조롱조롱 매달린 사과도 군데군데에 상처를 입었다.

땀 흘리며 모종 심고 가지 치고 정성들여 가꾼 농작물이 수확을 앞두고 이 지경이 되어 눈물과 한숨밖에 나오지 않는다는 울음 섞인 목소리에 내 마음도 함께 안타깝기만 했다.

우리 모두는 나라의 우환을 누구에게 떠넘기지 말고 우리 모두의 탓으로 생각하고 예방과 치료에 전념해야겠다.

선거바람이 휩쓸고 간 거리에는 당선의 기쁨을 알리는 당당한 플래카드와 낙선자의 미안하다는 겸손의 현수막도 아직까지 우리의 눈길을 자극한다.

당선되기 전의 공약처럼 진정 나라를 사랑하는 정치인들과 명의名醫가 나타나고 국민 모두가 간호사가 되어 우환憂患 중인 우리나라가 하루 빨리 건강해져 국민 모두의 얼굴에 웃음꽃이 활짝 피기를 간절히 바란다.

(충청타임즈)

손

주말 농장의 작은 텃밭에 아욱, 상추, 쑥갓, 방울토마토, 가지, 오이를 심었다. 아침저녁으로 열심히 물을 주고 밭고랑에 풀이 나지 않도록 신문지를 덮어주었다. 가끔 멸치를 다듬고 남은 것들을 땅에 묻어주며 사랑의 인사도 나누었다. 내 손으로 씨 뿌리고 모종을 심어 정성을 들인 채소들은 싱싱하게 자라 요즘 우리 집의 식탁을 풍성하게 해주고 식사의 기쁨을 더해준다.

주말 농장에 갈 때면 우리 밭 옆에서 정성껏 채소를 기르시는 할머니를 만난다. 등이 많이 굽으신 할머니는 농사 일이 서툰 우리 부부에게 가지와 고추 순을 치는 방법을 가르쳐 주셨다. 할머니 덕분에 채소가 너무 수북하면 튼튼하게 자라지 못하여 솎아내야 하는 것도 배웠다.

여든이 넘으신 듯 보이는 할머니의 모습에선 건강미가 넘친다.

호미를 들고 감자를 캐는 할머니의 손엔 세월의 흔적이 물결을 이루어 주름살 무늬가 가득하지만 힘이 있어 보였다. 열심히 일하시는 할머니에게 송구스런 마음에 흙이 묻을까봐 끼었던 장갑을 얼른 벗어 뒤로 감추었다.

할머니는 애써 기르시어 수확한 감자를 검은 비닐봉지에 담아주시며 햇감자이니 쪄 먹어보라고 하셨다. 감사하다는 인사를 드리고 나도 얼갈이배추를 몇 포기 뽑아 드리며 된장국을 끓여 드시라고 드렸다. 햇감자를 보니 어머니가 해주시던 감자찌개가 생각났다.

감자찌개를 하려고 감자 껍질을 벗기자니 돌아가신 할머니 생각도 났다. 반달처럼 닳은 모지랑 놋쇠 숟가락으로 새알같이 작은 감자 껍질을 잘 벗기던 할머니의 손이 요술쟁이 같아 보였다. 나도 할머니처럼 해보고 싶었지만 작은 감자는 손에서 미끄러져나가고 날카로운 숟가락에 손을 다칠까봐 할머니는 못 하게 하셨다. 감자를 깔 때면 하얀 전분이 튀어서 할머니 손은 뽀얗게 되었다. 뽀얗게 된 할머니의 손이 화장을 한 것처럼 예뻐 보였다.

감자 깎는 칼로 손을 몇 번 움직이니 어느새 감자는 뽀얀 몸을 드러낸다. 할머니는 모지랑숟가락으로 한 바가지가 넘는 작은 감자를 까느라 얼마나 힘이 드셨을까? 나는 편리한 도구를 사용하여 감자 껍질 몇 개를 벗겼는데도 손이 아프다.

왼쪽 팔 골절로 몇 달 깁스를 하고 고생한 뒤로 갑자기 팔꿈치와 손목 그리고 양쪽 손가락 모두가 아프다. 손이 부은 듯 부드럽지 않고 손마디가 아프고 손에 힘이 없다. 할머니와 어머니는 생존해 계실 때 늘 어깨에 파스를 붙이고 손을 자주 주무르셨다. 그때엔 으레 연세 드셔서 그러려니 했다. 이제 와서 생각하니 손을 주물러 드리며 따뜻한 위로를 해드리지 못한 게 후회가 되고 죄송한 마음이 든다.

나도 어느새 손주들이 셋이나 되는 할머니가 되었으니 손등에 검은 점이 돋아나고 주름이 생기며 손이 아픈 건 당연한 일이다. 이제껏 설거지, 빨래, 청소하고, 글을 쓰느라 많이 힘들었을 내 손에게 미안하고 고맙다는 말을 해주었다.

손은 우리가 살아가는 데 아주 소중한 신체의 일부다. 좋은 일에 사용되는 손은 기쁨과 보람과 감사의 손이 되지만, 죄를 짓는 손으로 인하여 가슴 아픈 세상이다. 노동의 고통 없이 거액의 뇌물을 받아 챙기는 손, 자신의 이익을 위해 인체에 해를 입히는 것을 만들고, 남의 것을 빼앗고, 심지어는 사람을 죽이는 데 사용하는 나쁜 손이 날이 갈수록 늘고 있다.

감자를 캐시던 할머니와 감자를 까시던 할머니처럼 검버섯이 돋아나고 주름이 가득하여 곱지 않은 손이 되더라도 부끄러운 손이 되지 않아야겠다. 열심히 살아온 흔적을 남기는 떳떳한 손이 되도록 착한 일을 하는 손이 많은 세상이 되었으면 좋겠다.

(충청타임즈)

이별

그들과의 이별이 네 번째이다.

처음 만난 그의 이름은 프레스토였다. 프레스토는 빛이 바랜 파란색 낡은 옷을 입고 나이가 많이 들어 몸도 허약하였지만 생애 처음으로 남편이 운전하는 우리 가족의 전용 차였으므로 식구들에게 귀한 대접을 받았다.

아침저녁으로 깨끗이 몸을 닦아주고 행여 몸이 상할까 조심하며 다루었다. 자가용을 탈 때마다 그 옛날 막내를 등에 업고 아이 셋을 앞세우며 무거운 가방까지 들고 버스를 타던 지난 날을 생각하면 너무나 편하고 감사하여 우리 가족의 보물로 여겼다. 그와의 만남은 그리 오래가지 못했다.

그는 원래 나이가 많고 약해질 대로 약해진 차인지라 어느 날 가족여행을 가는 도중에 고속도로 한가운데 멈추어 서고 말았다. 급기야 렉카차를 불러 차를 이동시키고 치료를 하려 하였으나 회생이 어려워 아쉬움을 남긴 채 폐차장으로 보내야만 했다. 그렇게 그와의 이별이 끝났다.

두 번째 만난 그는 엑센트였다.

짙은 회색 옷을 입은 건강하고 윤기가 흐르는 새 차였다. 친정어머니께서 사위를 위해 가진 것을 다 털어서 사주신 차였기에 더욱 소중하고 애정이 가서 차를 탈 때마다 흐뭇하고 새 차를 타는 기분에 시간이 날 때마다 자주 여행을 떠났다.

사람의 몸이 어리다고, 젊다고 병을 피할 수 없는 것처럼 차도 마찬가지였다. 그토록 건강해서 오래 잘 달릴 줄 알았던 차가 고속도로에 멈춰 섰다. 남편이 제자의 결혼식에 주례를 맡아 서울로 가던 중에 갑자기 서버린 것이다. 차를 가까운 수리점에 맡기고 중간에 택시를 타고 겨우 주례 시간에 맞추고 내려와 차를 고치는 데 큰돈이 들었다. 그때부터 차는 시름시름 앓기 시작하고 다른 차와 부딪치는 등 잔병치레를 하여 차가 없어 불편한 막내 시동생에게 넘겨주었다. 그런데 주인이 바뀌어 사랑을 듬뿍 받아서인지 아픈 몸이 다 나아 잘 달려 서운함을 달래주었다.

세 번째 만난 그의 이름은 은색 쏘나타였다. 이름처럼 차 색깔도 모양도 아주 예뻤다. 남편이 지방으로 승진하여 발령을 받고 먼 길을 오가느라 수고를 많이 한 차였다. 새벽공기를 가르고 밤늦게 어두운 길을 달리느라 고생을 많이 하고 10여 년을 함께한 후 아들에게 넘겨주어 이별의 아픔이 그리 크지 않았다. 다만 결혼 후 처음으로 남편과 떨어져 살았기에 주말마다 그를 배웅하며 쓸쓸했던 기억에 아직도 그 모습이 눈에 어리는 차였다.

네 번째 이름은 쏘렌토이다. 소렌토는 이탈리아 남부 캄파니아 주에 위치한 작은 항구도시를 연상케 하고 〈돌아오라 소렌토로〉를 떠올리게 된다. 전에 차던 승용차와는 달리 몸이 육중하고 건강하여 퇴직을 한 우리 부부가 여행을 다니기엔 아주 좋은 차였다.

쏘렌토는 우리 부부의 발이 되어 전국을 다 데려다 주었다. 이른 새벽에도, 캄캄한 밤에도, 추위와 더위에도 그저 우리가 원하는 곳이면 마다 않고 충실한 일꾼이 되어 우리에게 사계절의 아름다움을 보게 해주었고, 맛있는 음식점에도 데려다 주었다. 원래 튼튼하여 병도 나지 않고 안전수칙을 잘 지켜 주인의 안전을 책임졌다.

무쇠도 오래되면 병이 나나 보다. 무려 14년 동안 27만 킬로를 종횡무진하더니 힘이 소진되었나 보다. 고개를 오르는데 숨을 헐떡거리고 오르지를 못하더니 드디어 고개 중간에서 쉬었다 가잔다. 한참을 쉬고 겨우 고개를 올라 이제는 그를 쉬게 해야 될 때가 된 것 같았다.

쏘렌토는 14년 동안 우리를 가장 행복하게 해준 차였다. 그래서 그와의 이별은 너무도 슬펐다. 새 차를 준비하기 전에 폐차장으로 그를 보내야 하는 이별을 생각하면 마음이 허전하고 아쉬웠다. 차를 쓰다듬으며 나는 감사의 인사를 몇 번이나 하였다. 그동안 큰 사고

한 번 없이 우리에게 행복을 안겨준 그였기에 마치 사람과의 이별처럼 느껴졌다.

그를 보내는 날 우리는 차를 사이에 두고 기념사진을 찍으며 그동안 고마웠다고 마지막 인사를 나누었다. 그는 그렇게 충실한 일꾼으로 할 일을 다 하고 떠나갔다.

쏘렌토와의 이별 후 내가 존재하는 동안 인연을 맺었던 사람들과 나를 스쳐간 모든 물건들과의 이별을 더듬어보았다. 목숨처럼 나를 아껴주시던 어머니와의 이별과 다정했던 친구들, 예순아홉 해 동안 나를 스쳐간 물건들, 생각해보니 그들에게 감사의 인사를 제대로 하지 못한 죄책감이 밀려왔다.

이별이란 사람과의 사이에서만 슬픈 게 아니다. 동물과의 이별, 세월과의 이별, 그리고 소중히 여기던 물건과의 이별이 모두 슬프다.

헤어졌다 다시 만날 수 있는 기약 있는 이별은 희망이 있다. 그러나 영원히 다시는 만날 수 없는 이별은 슬픔을 동반하다. 이 세상에 이별 없는 만남은 존재하지 않는다. 태어날 때부터 이별을 전제로 태어나기 때문이다. 언젠가는 이 세상에 존재하는 모든 것들과 이별을 해야 한다. 만남의 기쁨보다 이별의 슬픔은 더 크다.

노래처럼 소렌토는 돌아올 수가 없다. 그와의 이별을 담담하게 받아들이고 이제 새 차에게 정을 주어야겠다.

내가 살아오는 동안 맺었던 모든 인연이 소중한 것처럼 이별 역시 소중하게 여기고 그들에 대한 감사함을 잊지 않으리라.

(충청타임즈)

형제

나는 무남독녀 외동딸이다. 지금은 외동이 많지만 내가 어렸을 적엔 집집마다 형제자매들이 많았다. 6 · 25의 피해로 살림이 어려워져 끼니를 걱정하던 때라 형제자매가 많은 친구들은 나를 부러워했지만 나는 그 친구들이 부러웠다.

어머니는 넉넉하지 못한 집안 살림에도 자식이라곤 오직 하나뿐인 나에게 정성과 사랑을 쏟았고, 크게 꾸중을 하시거나 매를 든 적이 없다. 나는 형제가 없다 보니 조용한 아이로 말썽 없이 자랐고 친구들과도 크게 싸운 적이 없다.

5남매의 장남인 남편과 결혼 후 대가족이 함께 살았는데 고등학생 시누이와 중학생 시동생이 가끔 말다툼을 하는 모습을 보면 이상하다는 생각이 들었다. 남편에게 남매끼리 싸우는 게 이상하다고 말했더니 형제가 많으면 종종 있는 일이라고 하여 형제간에도 싸우며 큰다는 것을 실감하고 그 후로는 그들의 토닥거림이 자연스럽게 받아들여졌다.

삼형제를 낳아 기르다 보니 사소한 일에도 다툼이 일어나고, 언제 싸웠느냐는 듯이 금방 화해하며 서로 사이좋게 지내는 모습이 성장 과정으로 여겨졌다. 가끔 혼을 내면서도 형제 없이 외롭게 컸던 내 어릴 적을 생각하면서 함께 자라는 아이들의 모습이 흐뭇하고 대견스럽기만 했다.

가끔 집안 행사가 있을 때 어느새 쉰을 넘어 새치가 하얀 시누이와 시동생에게 농담처럼 옛날에 둘이 왜 그렇게 토닥거리며 싸웠느냐고 하면 철없던 시절의 이야기로 웃음꽃을 피운다. 이렇듯 어린 시절 형제간의 작은 다툼은 이해타산을 떠난 사랑이었음을 추억으로 간직하며 작은 행복을 안겨준다.

형제는 부모로 인해 맺어진 피를 나눈 끊을 수 없는 운명적인 관계이다. 계산된 금전이나 이해관계로 토라져 대화를 거절하고 왕래가 단절된다 해서 형제의 관계까지 끊어지는 것은 아니다.

요즘 사회적으로 화제가 된 재벌가의 다툼을 지켜보는 모든 사람들의 시선이 곱지 않음은 그들이 피를 나눈 형제이기 때문이다. 그들 형제뿐만 아니라 주위에서나 매스컴을 통해 재산으로 인한 부모, 자식, 형제간의 치열한 싸움을 볼 때마다 서글픈 생각이 든다.

돈은 살아가는 데 꼭 필요하여 그 가치를 무시해버릴 수는 없지만 혈연간에 사투를 벌일 만큼 귀한 존재는 아닐 것이다. 신이 인간에게 가장 공평하게 나누어준 것은 죽음이다. 그 귀하다는 돈도 인간의 죽음은 막을 수 없기에 돈을 많이 쥐었던 부호들도 언젠가는 놓고 떠나야 한다.

거머쥐었던 많은 재산을 자손들에게 물려주어 부귀영화를 누리게 하고픈 부모 사랑이 오히려 자식들 간에 불씨를 당겨 화를 불러오는 사례를 볼 때마다 돈에 너무 집착하지 말아야겠다는 생각을 하게 된다.

광복 70년을 맞아 눈부신 발전을 한 우리나라는 경제대국의 반열에 올라섰다. 3만 불의 국민소득을 눈앞에 둔 지금, 한편에는 취업난에 시달리고, 아르바이트에 의존하여 생계를 유지하는 많은 사람들이 있는 가운데 굴지의 재벌들이 재산 때문에 우애를 외면하고 치열하게 싸우는 형제의 다툼을 보며 씁쓸한 마음을 지울 수가 없다.

(충청타임즈)

3

숲의 선물

하늘을 찌르듯 곧게 자란 소나무 숲이다. 긴 숨을 토하고 마시며 내 속에 가득 찬 근심과 욕심과 아픔들을 내보내려 안간힘을 쓴다.

숲의 선물

장맛비가 쏟아진다는 뉴스를 접하고도 망설임 없이 광릉 숲 예약을 하고 은근히 걱정이 되었다. 유네스코 보전지역인 국립 광릉수목원은 하루에 500명만 관람할 수 있는 예약제라서 쉽게 가 볼 수가 없었다. 그래서 우산을 쓰고라도 꼭 한 번 가 보고 싶어 우비까지 챙겨 아침 일찍 집을 나섰다. 날씨가 흐리긴 했지만 비는 오지 않아 다행이라 생각하며 차를 달려 도착하니 관광버스를 비롯한 차들이 주차장에 즐비하다.

숲은 언제나 나를 다정하게 맞아준다. 숲을 만나면 마음이 편하고 기분이 좋아진다. 숲은 사람과의 대화로 풀지 못한 아픈 내 마음을 위로해주고 상처를 치료해준다. 숲은 바람으로, 나는 미소로 정다운 대화를 나눈다.

숲을 들어서며 대화를 시작했다. 첫눈에 뜨인 소나무가 링거를 맞고 있다. 다가가서 몸을 어루만져주며 어디가 아프냐고 물으니 고령의 나이에 힘이 부친단다. 소나무는 항상 푸르기만 해서 그도 아픔을 안고 있는지 몰랐다.

어머니는 몸 구석구석 파스를 붙이고도 아프다는 말씀을 하지 않으셨다. 딸이 자신 때문에 신경 쓰는 걸 걱정할까 봐 약봉지를 서랍에 숨기고 몰래 드셨다. 어머니가 힘에 부쳐 쓰러져 대퇴부가 부서진 후에야 어머니의 몸이 심각함을 알았다.

소나무가 자신의 아픔을 숨기려 해도 병이 깊어 나무 끝이 마르고 갈색으로 변하는 모습을 숨길 수 없었을 게다. 링거를 맞는 소나무에게 어서 기운을 차려 푸른 몸을 보여 주길 바라며 미소를 보낸다.

담쟁이가 상수리나무를 열심히 기어오른다. 덩굴손으로 나무를 붙잡고 기어오르는 모습이 힘겨워 보인다. 담쟁이가 벽이나 나무를 타고 오르는 모습에서 생명의 끈질김과 자연의 신비를 느낀다. 그러나 남의 집에 둥지를 틀고 마음 편치 않은 새처럼 상수리나무를 휘감은 담쟁이가 애처롭다.

나는 어머니라는 나무에 잔뜩 들러붙어 어미를 힘들게 하는 담쟁이였다. 직장생활을 핑계로 어머니께 집안 살림과 세 녀석이나 되는 손자들을 보살피는 힘든 일을 떠맡기고도 어머니의 건강에 신경을 쓰지 못했다. 병원 침대에 눕기 전까지 오직 딸의 행복을 위해 휘어지고 부러지면서도 딸이 업히도록 등을 내주신 어머니에게 죄송하고 감사하여 눈물을 흘린다.

담쟁이는 스스로 서서 자라지 못하고 다른 나무의 몸을 빌려서 자란다. 담쟁이도 답답함을 참으며 기꺼이 몸을 내주는 상수리나무에게 감사하고 죄송하다는 마음을 안고 살아가겠지 생각하니 기대어 사는 그의 삶이 안타깝다. 내 어머니 같은 상수리나무에게 감사의 인사를 한다.

한줄기 바람이 시원하게 분다. 바람에 흔들리는 키 큰 나뭇가지 사이로 잠시 햇살이 비집고 들어와 그늘에 움츠린 여린 나뭇가지들을 보듬어준다. 여린 나무는 큰 나무의 그늘에서 자라 약하디약한 몸을 가누느라 힘들어 등을 굽힌다. 큰 나무는 자신의 몸에 가려 햇볕의 양분을 받지 못하는 여린 나무를 위해 가끔 바람의 도움을 청하여 햇볕을 나누어준다. 나무의 넉넉함이 이기적인 내 머리를 때린다.

사람들이 사는 세상에도 나무들처럼 춥고 배고픈 사람들에게 따뜻한 햇살을 나누어주는 넉넉함이 있으면 좋겠다. 여린 나무들이 감사함을 배우며 꿋꿋하게 자라 큰 나무가 되길 바란다.

다람쥐 한 마리가 내 길을 막는다.

'그래, 숲에는 다람쥐도 살고 있었지?' 숲이 주는 양식이 있어 걱정이 없고, 보듬고 친구해 주는 작은 풀과 꽃들과 함께 숲의 식구로 살아가는 다람쥐가 행복해 보인다. 그러나 다람쥐도 자신들의 양식을 주워가는 사람들을 경계하느라 불안하지 않을까? 사람들이 사는 세상에서 일어나는 가진 자의 횡포는 자연에게도 손을 뻗치고 있어 그들을 위협하고 있다는 자괴감에 다람쥐를 외면하고 더 깊은 숲을 향한다.

하늘을 찌르듯 곧게 자란 소나무 숲이다. 긴 숨을 토하고 마시며 내 속에 가득 찬 근심과 욕심과 아픔들을 내보내려 안간힘을 쓴다. 더러는 기를 쓰고 나오지 않으려 달라붙는다. 숲은 나의 아픔을 알아차리고 삽상한 바람결로 달래준다. 애쓰지 않아도 숲의 향기로 치유를 해주겠노라고….

눈을 지그시 감고 솔 향이 주는 편안함을 즐긴다. 추석날 뽀얀 새벽, 가마솥에 솔잎을 깔고 아궁이에 불을 때 송편을 찌시는, 하얀 머리 수건을 쓰신 어머니 곁에 앉은 작은 소녀가 눈에 아른거린다. 송편이 익을 때쯤 모락모락 김이 오르면 솔 냄새가 나던 어린 시절의 그 향기를 기억하며 행복의 미소를 짓는다. 그리운 어머니가 우울한 내 마음에 솔향기를 가득 채워 주신다.

우거진 소나무 숲 벤치에 누워서 보는 하늘은 더욱 푸르고 맑은 샘물이다. 이 세상에서 다시 볼 수 없는 사랑하는 어머니, 먼저 떠난 그리운 친구들이 나를 향해 환하게 웃는다. 하늘을 향해 미소로 답을 보내고 작별을 한다.

숲에서 나오는 피톤치드를 마시면 몸의 긴장을 풀어주고 정신적 피로를 해소해주어 우울증을 치료해준다. 외로운 이의 친구가 되어 주고, 먹을 것을 주고, 집을 지을 수 있는 목재를 준다. 숲의 공익적 가치를 금전으로 환산하면 100조 원이 넘는단다. 어찌 숲을 사랑하지 않을 수가 있을까?

나는 오늘 숲에서 귀한 선물을 한 아름 받았다. 숲과의 대화로 정신적 치유를 받았고, 어머니와 그리운 친구들을 만나 행복했다. 숲의 배려와 넉넉함도 배웠다. 숲에게 감사의 인사를 건네고 밝은 미소를 남기며 발길을 돌린다.

내가 사는 세상은 미세 먼지가 가득하여 숨을 쉬는 것도 자유롭지 못하다. 매일 소름 돋는 사건 사고가 그치지 않는다. 생존경쟁으로 다툼이 치열한 도시 속으로 향하지만 다시 만날 수 있는 숲의 세상이 있어 행복한 작별을 나눈다.

(한국문인)

살구나무 거리

어둠이 가시지 않은 새벽, 잠을 이루지 못한 탓에 일어나기 귀찮고 힘이 들었지만 나는 마음을 다지고 운동복 차림으로 아파트 공동현관문을 열고 힘찬 걸음을 내디디며 상쾌하게 부딪는 아침공기를 마음껏 마신다.

집에서 살구나무거리까지는 10여 분 거리다. 가경천을 끼고 3,000그루의 살구나무가 7㎞의 하천 둑에 심어져 봄이면 분홍 살구꽃이 고향의 봄을 노래하고, 걷기에 좋도록 푹신푹신한 우레탄을 깔고 각종 운동기구들이 마련되어 있어 아침 운동을 하는 사람들이 아침저녁으로 즐겨 이용하는 곳이다.

도심 속에 이렇듯 좋은 산책길이 있어 나는 이 길을 자주 이용한다. 1시간 동안을 걷고 간단한 운동을 마치고 집에 돌아올 때면 등과 목에 촉촉이 땀이 배고, 즐거운 하루를 시작할 수 있는 기분 좋은 상태가 된다.

눈으로 보이지 않아 운동을 하기 전과 건강의 수치를 비교할 수는 없지만 몸이 가볍고 기분이 좋은 것을 보면 효과는 만점인 듯하다.

산책을 하다 보면 많은 사람을 만난다. 어른, 중년, 젊은이 모두가 자신의 건강을 위해 열심히 뛰고 걷는다. 대부분 활기에 넘쳐 씩씩하게 걷지만 힘들어 보여 안타까운 어른들도 계신다.

나도 60 중반을 넘었으니 건강한 젊은이들이 보기엔 힘들어 보일지도 모른다. 그러나 어깨를 축 늘어뜨리고 허리를 굽혀 힘들게 걷는 노인을 보면 내 딴에는 아직 젊다고 생각하며 언젠가 닥칠 나의 모습을 보는 듯하여 연민의 정을 느낀다.

미래는 모든 이들에게 곱고 푸른 것만은 아니다. 나이 든 사람들에게 오늘은 옛날의 미래였고, 미래는 더욱 푸르름이 퇴색될 것이다. 나는 떨어지는 낙엽이기 전에 빛 고운 단풍처럼 예쁘게 살기를 다짐하며 발걸음을 늦추어 여유를 누린다.

느린 걸음을 걷는 고운 할머니의 앞을 추월하지 않고 조용히 뒤를 따른다. 혹시 지금까지 살면서 앞서려고 만용을 부려 다른 이를 힘들게 하지는 않았는지 돌아보며, 이젠 한 발짝 뒤에서는 겸손과 여유를 갖는 삶이 되도록 살겠다고 조용히 묵주를 굴리며 기도를 한다.

운동을 시작할 무렵엔 분홍 살구꽃을 떨구고 작은 구슬 같은 살구들이 조롱조롱 신기하게 매달려 있었는데 어느새 제법 큰 살구들이 가지가 휘도록 빛 고운 주황색을 띠고 수확을 기다리고 있다. 그러나 그 많은 살구들이 땅에 뒹굴어도 줍는 사람이 별로 없다.

소독을 많이 하여 꺼림칙한 탓도 있겠지만 대부분은 별로 관심이 없는 듯하다. 처음엔 나도 더러 살구를 줍는 사람을 보면 시어터진 살구를 무엇에 쓰려 하나 생각했지만 호기심에 아침 산책길에 비닐봉지를 주머니에 넣고 돌아오는 길에 한 봉지 주워와 깨끗이 씻어 맛을 보았더니 맛이 괜찮은 듯하여 인터넷을 찾아보았다.

한방에서 '행인'이라 불리는 살구 씨는 진해, 거담 작용이 뛰어나 약용으로 쓰이고 살구는 풍부한 비타민의 영향으로 어린이의 발육을 도우며 야맹증 및 피로회복에 좋고 폐를 깨끗이 하며 얼굴의 기미, 주근깨 등에도 효과가 뛰어남을 알게 되었다. 그래서 여러 번 살구를 주워 잼도 만들고 효소를 만들어 항아리에 보관하였다.

이제 살구나무거리는 건강을 도와주고 삶을 반추하여 모난 나를 다듬는 좋은 산책로 역할을 한다.

먹거리를 귀하게 여겨 비가 오면 우르르 떨어지는 살구를 한 알도 남기지 않고 줍던 어린 시절 고향집의 새벽이 그리워진다. 지나치도록 풍요로워 지천으로 널려 있는 살구를 보고도 무관심 속에 썩어 버려지는 살구의 모습이 대비되어 안타깝지만 매일 아침 살구나무거리를 걸으며 몸도 마음도 아름다운 모습으로 가꾸어야겠다.

(충청타임즈)

정화淨化

쌍계사 벚꽃을 보러 가겠다고 나섰지만 차가 밀린다는 교통정보를 듣고 행선지를 바꾸어 도착한 곳은 계룡산 자락의 신원사였다.

절 입구는 낡은 집들이 늘어서 내 어릴 적 살던 고향 마을에 찾아온 것처럼 정감이 갔다. 곧 바로 나타난 계곡엔 봄을 준비하는 모습이 역력했다. 아직은 피우지 못한 푸르름이 겨우내 몸단장을 미루었던 나무 줄기에 생기를 주는 듯했고 황사로 인해 뿌옇던 하늘도 투명한 햇살을 쏟아냈다.

잠시 후 환한 미소로 맞아주는 배꽃의 행렬에 내 기분은 꽃처럼 환해졌고 나는 열일곱 소녀로 돌아가 고향집 뜰에 서성이고 있었다.

배꽃 사이로 분주히 드나드는 벌들의 행렬을 한동안 지켜보았다. 한 꽃에 머무르지 않고 꿀을 찾아 부지런히 다른 꽃 속을 드나드는 벌들에게서 사람의 사는 모습을 엿본다. 그토록 열심히 모은 꿀을 사람들에게 선물하는 벌들에게 달콤한 꿀을 먹으면서 아직도 감사함을 느끼지 못했으니 미안한 생각이 들었고 이제 매사에 감사할 줄 아는 사람이 되자는 다짐을 했다.

남편의 사진기 앞에서 시키는 대로 포즈를 취했다. 매화 향기에 취하고 불경을 읽는 스님의 목탁 소리에 취해 나는 세속의 시름을 잊으며 모처럼 미소를 지어본다.

겨울이 끝날 무렵 어머니가 돌아가시고 한동안 우울했었다. 어머니께 너무나 불효를 하여 가슴이 아파 친구들 모임에도 나가지 않고 남편과 자식들에게 화를 많이 냈다.

남편이 퇴직 후 사진기를 들고 전국을 누비고, 골프채를 들고 다닐 때 모든 고생을 나 혼자 하는 것 같아 짜증을 냈다. 생각해 보니 힘든 나보다 더 힘든 사람은 남편이었을 것 같다. 그에게 퇴직 후의 세상은 달라졌을 것이다. 직장의 장長으로서 받던 스트레스에서 벗어나 세상의 아름다움을 사진기에 담으며 행복하고 친구들과 어울려 하루를 보내는 게 즐겁기만 한 듯 보여 심술이 났던 것이리라. 이제 그의 마음을 편하게 해주어야겠다. 한평생 일을 했으니 이젠 쉴 때도 되지 않았는가?

손수레를 든 잘생긴 청년이 대웅전 앞에서 깊은 절을 한다. 일을 하는 가운데에서도 손수레를 세워놓고 두 손을 모아 합장을 하는 모습이 존경스럽다. 속세의 시름을 다 잊고 수행을 하는 사람이라면 아마도 그의 마음은 평화 그 자체일 것이다. 기도를 하러 온 불자들의 모습도 평온해 보인다. 선善한 자의 눈에는 모든 게 선함으로 보인다면 지금 이 시간은 나도 선한 자이고 싶다.

벌들은 아직도 분주하다. 벌들을 향해 작은 소리로 고맙다는 인사를 했다. 벌들이 윙윙거리며 답을 보낸다. 우리들의 희생을 알아주는 이가 있어 다행이고 사람들에게 달콤한 양식이 되었으면 더없이 행복하다고….

다시 부지런히 손수레를 끌고 열심히 일하는 젊은 남자를 살핀다. 내 머릿속에 복잡한 상념들과 욕심들이 무너져 내린다. 착한 마음으로 돌아가리라. 사랑하는 마음만 남겨놓고 다 잊고 가리라 다짐한다.

잠시 일어나 대웅전 뒤뜰을 걷는다. 코끝을 스치는 맑은 공기, 자목련의 요염한 모습, 노랑나비처럼 나풀거리는 수선화, 고운 새소리와 목탁 소리의 어울림이 삶에 지치고 찌든 내 마음을 정화시켜 날개를 달아준다.

머리 위로 떨어지는 매화꽃잎이 눈송이처럼 예쁘다. 파란 하늘에 매달린 연분홍 매화꽃을 향해 내 마음을 전해본다. 은은한 향기를 품은 연분홍의 아름다운 꽃잎이 되리라.

(충청타임즈)

모정탑母情塔

사람의 모습과 성격이 모두 다르듯 자연의 모습도 제각각이고 계절에 따라 누구와 동행하느냐에 따라 느낌도 다르다.

산을 오르면 삶의 의욕을 찾고, 답답한 가슴이 시원해지고, 때로는 아름다움에 취해 눈시울이 뜨거워지기도 한다. 또한 자연에 순응하며 제자리를 지키는 나무들 앞에서 욕심을 내려놓으며, 미워하던 사람을 용서하는 너그러운 마음도 얻어오고 사랑에 인색하던 마음에 샘물이 솟아오르는 귀한 선물을 얻기도 한다.

지난 7월 건강검진에 희미하게 빨간 불이 켜지는 듯하여 남편과 함께 매일 산을 오르기 시작한 지 삼 개월이 지났다. 전에는 혼자 산에 오르는 사람을 만나면 왠지 외로워 보였는데 남편이 바쁠 땐 혼자서 가벼운 배낭을 메고 산에 오르다 보니 혼자만의 산행이 결코 외로운 것만은 아니었다.

한 손에 묵주를 들고 기도하며 내 삶을 회상하고, 나와 인연을 맺은 모든 이들을 떠올리며 그리움에 젖고, 자녀들을 떠올리며 행복했던 순간들을 떠올리기도 한다.

가끔은 나무에게도 말을 걸고 나무에 기어오르는 다람쥐에게도 말을 건네며 혼자 웃는 내 모습을 보고 좀 이상한 여인네라 생각하는 사람이 있을지라도 나는 그들과의 대화로 산행이 더욱 즐겁고 게다가 촉촉하게 목덜미와 등에 땀이 배이면 더욱 만족스럽다.

평일에는 주로 시내를 벗어나지 않고 가까운 산을 오르지만 주말이면 원거리 산을 찾는다. 높은 산이 아니라 숲을 걷는 것을 즐겨하여 가을에 접어들어 강원도의 유명한 숲길을 많이 다녀왔다. 그중 정선과 강릉 경계에 있는 율곡 선생이 이름을 붙인 노추산에 있는 모정탑은 다른 이들에게도 권하고 싶은 곳이다.

나이 스물셋에 강릉으로 시집온 서울 처녀 차옥순 씨는 네 자녀 가운데 아들 둘을 잃고 남편은 정신병을 앓는 등 우환이 겹쳤다. 그럴 때 돌탑 삼천 개를 쌓으면 우환이 사라진다는 꿈을 꾸고 노추산을 찾아와 26년 동안 돌탑 삼천 개를 쌓고 예순여덟에 하늘로 가신 전설이 아닌 실화의 탑이다.

노추산 계곡은 어느새 가을이 깊어 돌탑 사이로 낙엽이 수북이 떨어져 쌓이고 단풍이 막바지에 이르러 만추의 운치가 절정이었다. 돌탑 하나하나엔 눈물과 슬픔이 배인 어머니의 한恨 어린 모습이 가슴을 울렸다.

어머니가 위대한 존재임을 모르는 이는 없다. 그러나 전설이 아닌 실화라는 점에서 어머니의 위대함을 가슴 깊이 느끼며 그분이 생전에 살았던 흔적이 있는 움막을 들여다보자 가슴이 뭉클하였다.

전설과 사연이 얽히지 않은 산이 없지만 자식을 위해 모정탑을 쌓느라 힘들었을 어머니의 위대함에 절로 존경심이 솟구쳤다.

치매에 걸려 집도 찾지 못하던 노인이 아기를 낳은 딸이 입원한 병원에 미역국과 밥을 지어 찾아갔다는 눈물 어린 모정母情 역시 우리의 가슴을 울리지 않았던가!

나는 작은 돌 하나를 얹으며 어머니 생각에 잠겼다. 삼천 개의 돌탑은 쌓지 않으셨지만 오직 자식을 위해서 살다 가신 어머니의 감사함을 생전에 갚아드리지 못한 죄송함에 내 가슴엔 가을비가 내렸다.

바쁜 생활로 가족의 사랑이 부족한 요즈음 노추산의 모정탑은 부모로서 자식으로서 함께 가족을 위한 사랑과 희생을 되돌아보게 하는 사랑의 메시지를 들려주었다.

(충청타임즈)

친절한 나라

여섯 시간의 비행을 마치고 입국장에 들어선 순간 후끈한 바람이 온몸을 덮었다.

영하 속 추위에 입었던 두터운 털 코트를 벗어놓고 아시아의 남단 브루나이에 가기 위해 싱가포르 창이 공항(changi airport)에 내린 순간 더운 나라에 와 있음을 실감하였다.

입국절차를 마치고 들어선 환승장은 우리나라의 온실에서만 볼 수 있는 핑크빛 양란들이 군무를 추듯 예쁘게 피어 있었다.

지난해 8월 방한하신 프란치스코 교황님께서 오셨을 때 우리나라에선 아시아 청소년대회가 이루어졌다.

천주교 신자인 나는 그때 브루나이 청년 2명의 홈스테이를 맡게 되어 봉사하는 기쁨을 누렸다. 그들과 함께 브루나이 주교님께서도 함께하시어 우리 집에서 작은 파티를 한 게 인연이 되어 우리 가족과 주교님의 홈스테이를 맡았던 가족과 함께 브루나이 초청을 받아 함께 가게 되었다.

이 일이 있기 전 브루나이라는 나라에 대해 들은 적이 없어 인터넷을 뒤지니 보르네오 섬 근처, 싱가포르에서 비행기로 2시간 정도의 위치에 있으며 경기도의 절반 크기에 인구가 40만 명 정도이나 석유가 많이 나와 아시아의 부자 나라임을 알았다.

싱가포르 공항까지 마중을 오신 주교님을 만나 편안한 마음과 시간의 여유가 있어 하트로 정원을 꾸민 장미꽃 속에서 환하게 웃으며 사진도 찍고 공항의 면세점도 둘러본 후 브루나이행 비행기를 타기 위해 출국장을 나서며 여권과 비행기 티켓을 꺼내려는 순간 남편이 갑자기 사색이 되어 가방 속을 이리저리 뒤지는 것이었다.

처음엔 어딘가에 있겠지 생각했으나 점점 그의 얼굴은 굳어지고 가방 속 물건을 다 쏟아놓았으나 여권은 없었다. 그러나 주교님은 침착하게 공항 직원에게 여권 분실을 설명했고 직원들이 어딘가에 연락을 취했다.

여행의 즐거움이 불안으로 바뀌어 어두운 얼굴로 있을 때 공항 직원들은 미소로 안심을 시켜주었고 친절한 태도에 다소 불안을 떨칠 수 있었다.

열심히 전화를 하던 그분들에게서 나는 짧은 영어이지만 여권을 찾았음을 감지할 수 있었다. 누군가 안내데스크에 여권을 가져다

놓았음을 알았을 때 안도의 한숨을 내쉬었다. 농담을 좋아하시는 주교님은 엄지손가락을 치켜들며 굿good을 외쳤고 우리는 감사의 인사로 '쌩큐'를 연발하였다.

꽁꽁 잠근 가방과 주머니의 것도 빼내가는 무서운 현대사회에서 공항바닥에 떨어진 중요한 여권을 주인에게 돌려준 어떤 분에게 무한한 감사를 느끼며 나는 공항 직원에게 고개를 숙이고 진심으로 "당신의 나라는 정말로 친절하고 정직한 나라입니다."라는 인사를 몇 번이나 했는지 모른다.

브루나이 여행을 통해 부자 나라에 대한 부러움보다는 그들에게 받은 친절과 싱가포르의 안전한 여행이 다른 어떤 해외여행보다 많은 것을 느끼게 했다.

국제화 시대인 요즈음 외국 관광객들이 밀려오고 있다. 가끔씩 매스컴을 통해 관광객들에게 택시, 식당, 시장에서 바가지요금을 씌워 우리나라의 이미지를 실추시키고 항공기 회항 사건으로 외국의 주목을 받는 요즈음 이번 여행은 나에게 많은 느낌을 주었다.

나라를 사랑하는 길은 여러 가지가 있겠다. 외국 관광객들에게 베푼 선행과 친절이 나라의 좋은 이미지로 우리나라를 다시 찾을 때 우리의 경제도 발전하고 세계 속 문화 선진국의 대열에 자신 있게 합류할 수 있으리라.

(충청타임즈)

회상回想

해 질 무렵 5월의 산야는 투명한 햇살을 쏟아내고 눈부신 자태로 더욱 아름다움을 드러낸다. 연초록의 나뭇잎과 솔바람을 초대한 아까시는 은은한 향기의 차 한 잔을 나누며 아름다운 이야기로 꽃을 피운다.

우리 부부는 온종일 꽃을 보며 감탄하고 푸르름에 취했는데도 아쉬움을 떨치지 못하여 6시가 넘은 늦은 시각 칠장사로 차를 몰았다.

칠장사는 경기도 안성시 칠장로에 위치하고 있는 경기도 문화재자료 제 24호로 지정되어 있는 고려시대 사찰이다.

신라 선덕여왕 5년, 636년에 자장율사가 창건했고 고려 현종 5년, 1014년 혜소국사가 왕명을 받아 크게 중수했다. 궁예가 10살까지 유년기를 이곳에서 보냈고 병해대사가 임꺽정을 만나 사제의 관계를 맺었다고 전해진다. 칠장사의 당간지주는 고려 시대의 것으로 청주 용두사지와 공주 갑사에서만 볼 수 있는 중요한 문화재다.

사찰엔 우리 부부 외엔 눈에 띄는 사람이 없어 더욱 고즈넉하였다. 대웅전은 단청이 지워져 오랜 세월의 흔적이 엿보였다. 사람들의 손길로 꾸며진 화려한 사찰이 아니라 자연이 키운 나무들과 풀꽃들이 더 정겹다.

산신각으로 향하는 좁은 풀밭 길을 걸었다. 동글동글 하얗게 핀 클로버 꽃을 따서 꽃반지를 만들어 손에 끼었다. 시냇가 풀밭에서 클로버 꽃으로 왕관을 만들던 그리운 친구들이 떠오른다.

흐드러지게 피어 있는 탐스런 수국 앞에 멈춰 서서 유년 시절의 고향집 뜰을 서성인다. 화려하진 않지만 하얗게 무더기로 피어나는 탐스런 수국을 좋아했다. 수국이 필 무렵이면 못자리에서 자란 어린 모를 넓은 논으로 옮겨 심었다. 고추 모를 밭에 옮겨 심어 들판 하나 가득 먹거리를 채우던 들녘의 아저씨들과 봄가을 두 차례에 걸쳐 소득을 올리던 누에치기를 위해 광주리 한가득 뽕잎을 따오시던 고단한 어머니의 모습을 떠올리며 눈시울을 붉힌다.

어버이날, 화원 앞 좌대에 즐비하게 늘어놓은 붉은 카네이션을 보며 꽃을 달아드릴 어머니가 안 계심에 가슴이 텅 빈 듯 허전했다. 살아계실 때 잘해드리지 못함에 대한 죄스러움이 다시 조여 온다.

남편이 생각에 잠겨있는 내 손을 이끌고 머문 곳은 대웅전 뜰에 있

는 불자佛子들이 잠을 자는 방 앞이었다. 그는 방 앞에서 한동안 말이 없었다. 얼마 후

“이 곳이 내가 하룻밤을 잔 방이야. 초등학교 4학년 때 쌀을 한 되씩 내고 선생님과 함께 여행을 와서 묵은 방이지. 이월에서 이곳까지 걸어서 오느라 힘이 들었던 기억이 나네. 그땐 당신과 함께 이곳을 오게 될 줄 몰랐겠지? 함께 살아줘서 고마워.”

그는 다시 말을 끊고 감회가 새로운 듯 생각에 잠겼다. 그의 나이 70이 되었으니 꼭 60년 만이다. 반백이 된 그의 머리처럼 기둥도 힘을 잃은 것처럼 보였으나 깨끗하게 문창호지를 바른 여닫이문이 그의 모습을 말없이 반겨주었고, 그는 회상의 숲에서 뛰노는 열살 홍안의 소년을 떠올리는지 행복한 미소를 지었다.

회상의 숲에서 벗어난 우리는 손을 꼭 잡고 환한 미소를 지었다. 그리고 무언의 대화를 나누었다.

‘세월의 흐름을 아쉬워 마세요. 남은 세월, 아름다운 5월처럼 행복하게 살아요.’

(충청타임즈)

선유도의 밤

금년은 유난히 비가 적게 내렸다. 여름에도 큰 장마 없이 지나가더니 가을 들어서도 비가 내리지 않아 가뭄이 계속되었다. 오랜 가뭄으로 곡식들과 나무들이 목마름에 지칠 무렵 하느님께선 그들의 갈증을 해소시키고 우리들의 먹을거리를 풍요롭게 해주셨다. 과일이 풍성하여 오히려 과일값의 폭락으로 과일을 땅에다 묻는 소동도 벌어져 이를 바라보는 사람들의 마음을 안타깝게 한다.

한편 올 가을엔 가물어서 고운 단풍을 볼 수 없을 거라는 예상을 깨고 입동이 지나고 11월 중순에 접어들었는데도 아직 온 산이 은은한 단풍으로 우리의 마음을 평화로 이끈다.

해마다 단풍을 보러 여러 차례 다녀왔는데 금년엔 무에 그리 바쁜지 이렇듯 고운 산을 멀리서만 바라보았다. 원래 숲이란 가까이서 보다 멀리서 바라볼 때 그 아름다움이 더하다는 생각을 하고 있었지만 금년에는 특히 먼 숲을 바라보며 가을을 넘기고 있다.

이렇듯 멀리서 바라보는 가을 숲이 아름답다고 느꼈는데 이에 더하여 밤에 보는 가을의 단풍 숲은 정말 가슴이 아리도록 아름답다는 사실에 온 마음을 빼앗겼다.

가을이 짙은 늦은 밤, 우리 가족은 선유도의 야경을 찍기 위해 나섰다. 선유도는 한강유람선 선착장에 접한 작은 섬을 공원으로 꾸며 서울시민의 휴식처로 특히 데이트를 즐기는 젊은이들에게 사랑받고 있는 곳이다.

회사를 다니는 둘째와 대학공부를 위해 서울에서 생활하고 있는 막내아들이 여러 번 선유도의 야경이 무척 아름답다는 말을 했지만 아들의 집을 방문할 때마다 밀린 빨래에 집 청소를 하다보면 시간이 나지 않았다. 그런데 이번엔 아들이 엄마 아빠를 위해 미리 청소며 빨래를 다 해놓고 선유도 나들이를 계획하고 있어서 벼르고 벼르던 야간 사진 촬영을 위해 나섰다.

밤 9시가 늦은 시각, 날씨가 차서인지 한강변을 따라 데이트를 즐기는 남녀들이 더러 눈에 뜨일 뿐 선유도의 밤은 고요하였다. 물론 차들의 경적소리가 울렸지만 아름다운 야경에 취해 낮에 듣던 시끄러운 경적이 아니었다. 먼지 낀 서울의 짜증나는 하늘이 아니었으며, 차들로 꽉 차 머리 아픈 도로와 건물이 아니었다. 어둠과 빛으로 치장된 아름다운 도시일 뿐이었다.

산책하는 사람들을 위해 무지개처럼 예쁘게 놓아진 선유도의 다리를 세 번이나 오가며 유유히 흐르는 한강물을 벗 삼아 나는 데이트를 즐기는 젊은이들의 마음처럼 감상에 젖었다. 어렸을 때 보았던 동네 신작로의 양옆에 하늘만큼 치솟았던 시원한 미루나무의 잎사귀들은 하얀 달빛과 조명등에 눈부시게 반짝였다. 휘늘어진 버드나무는 능숙한 무희처럼 춤을 추고 있었으며, 노란 은행잎은 검은 벨벳을 배경으로 투명한 날갯짓을 하며 수천 마리의 나비가 되어 군무를 추고 있었다.

미끈한 자작나무 숲 사이로 숨바꼭질을 하는 바람들이 가벼운 숨소리를 내며 웃고 있었고 혼자 외로워지는 겨울이 두려워 가을을 보내기 아쉬운 키 작은 소나무는 소리 없는 눈물을 흘리고 있었다.

간간이 들리는 앰뷸런스 소리가 날 때마다 누군가 고통 받는 아픔이 나를 아프게도 했지만 선유도의 밤에 취해 추위도 다리 아픔도 잊고 아름다움을 만끽했다.

회사 일에 힘들어 쉬고 싶을 텐데도 아빠, 엄마를 위해 차를 몰고 나와 준 둘째 아들과, 취직 시험 기간이라 힘들 테지만 사진 찍기를 좋아하는 아빠를 위해 이리저리 경치 좋은 장소를 추천하는 막내아들의 모습이 너무나 기특하고 대견스러웠다.

든든한 두 아들과 아름다움을 사진으로 담는 남편과 함께하는 선유도의 야경은 나를 너무나 행복하게 했다. 남편은 정년퇴임을 한 후 사진에 몰두하여 어디를 가든 사진기를 둘러메고 다녔다.
늦은 밤까지 사진에 관한 책을 읽으며 사진 이론을 통달하고 산으로 들로 출사를 나가는 날이 많아지자 나는 왠지 혼자라는 느낌에 짜증을 내곤 했다.

남편이 퇴임하기 전까지는 어디를 가든 무슨 일을 하든 우리는 함께했었다, 그런데 갑자기 나와 함께가 아니어도 혼자 행복해하는 모습이 낯설어 보였다. 그러나 찍은 사진을 들여다보며 흐뭇해하고 지금까지 직장생활로 인해 누리지 못했던 새로운 삶의 도전에 행복해하는 모습을 보며 이젠 남편에게도 적당히 홀로서기가 필요함을 느끼며 그를 이해하려고 노력하였다.

정년퇴임 후 갑자기 변화된 생활에 잘 적응하지 못하고 우울증이 생겨 힘든 사람들도 있는데 남편은 직장생활을 할 때보다 더 바쁘게 사는 모습을 보며 다행이라는 생각이 들기도 하여 요즘 나는 사진촬영대회에도 따라 가서 사진 가방과 삼각대도 들고 다니기도 하고 모델이 되어주기도 한다. 이제 남편은 사진촬영대회서 입상도 하고 각종 사진촬영대회에 작품을 출품하는 열정을 보이고 있다.

이렇듯 사진에 심취하게 된 것은 막내아들의 영향이 크다. 대학에서 사진 동아리활동을 하는 막내는 사진기술이 뛰어나 아빠에게 많은 조언을 하여준다. 가끔씩 부자가 출사를 나갈 때면 나는 마음이 뿌듯하다. 부자가 사진에 몰두하는 모습을 뒤로 하고 혼자 선유도의 숲을 거닐었다. 나뭇잎 하나, 바람 한 점, 억새의 작은 미동까지도 모두가 내 가족처럼 사랑스럽고 소중한 느낌이 들었다.

한강의 너른 품에 이제껏 힘들고 지쳤던 나의 일상들을 다 맡기고 나는 평화 속에 묻혔다. 한강이 이토록 아름답다는 사실을 일깨워 준 선유도의 밤은 깊어갔으나 자작나무 숲에선 가을의 이야기가 그치지 않았다.

센 강을 가르는 유람선을 타고 유행의 도시 파리를 바라보며 야경에 취해 감상에 젖던 프랑스의 야경보다 훨씬 아름다운 밤이었다.

선유도를 배경으로 불빛에 반짝이는 한강의 물살을 가르며 유유히 지나가는 유람선의 모습을 찍는 부자의 다정한 뒷모습은 가장 아름다운 한 장의 사진이었고 이를 바라보며 미소 짓는 나는 행복한 여인이었다.

(충북수필)

아름다운 청산도

우리나라 영화사상 최초로 100만 관객을 돌파했던 영화 〈서편제〉의 촬영지였던 청산도는 유봉 일가가 황톳길을 내려오며 〈진도아리랑〉을 부르던 평화스러운 남도의 모습으로 기억되는 곳이다.

사진 동아리에서 촬영을 다녀온 남편은 청산도의 정취에 반해 다시 한 번 그곳에 가고 싶다는 이야기를 여러 번 하여 나에게 호기심을 자극하였다.

얼마나 좋은 곳이기에 그토록 다시 또 가고 싶어 할까? 기대 속에 그를 따라나선 건 모두가 시인이 되게 하는 10월의 중순이었다.

새벽 6시, 그는 사진을 찍는 기쁨에, 처음 여행을 하는 사람처럼 콧노래를 부르며 차를 몰았다.

가을은 단장을 시작한 여인의 모습이었다. 미완성된 가을의 수채화처럼 펼쳐진 산야의 모습은 더욱 매력적이었고 이제 막 가을걷이를 하는 농부들의 모습은 아직은 한가하여 서글프지 않은 가을의 모습이라 더욱 좋았다.

청주에서 출발하여 완도에 도착한 시각은 11시 40분이었다. 청산도행 배는 오후 2시에 있어 여유가 있다고 생각했는데 어느새 배표가 다 팔리고 없단다. 더구나 차를 배에 싣고 가려던 우리는 난감하여 들어갈 방법을 찾던 중 시간은 좀 더 걸리지만 소모도, 대모도를 경유하는 배편이 있어 다행으로 여기고 준비해 간 간단한 점심 식사를 마치고 청산도를 향하여 2시발 배에 올랐다.

삶에 지치고 힘들어 복잡했던 머리가 말끔해지도록 바닷물은 투명한 파란색이다. 배에 오른 모든 이들의 표정이 행복해 보이는 걸 보니 나도 행복한 여인이었다.

한 시간 반을 넘어서 청산도에 도착하였다. 항상 섬을 동경하면서도 이곳저곳에 쌓여 있는 퇴적물의 흔적과 지저분해보이는 갯벌에 버려진 것처럼 놓여 있는 배들의 모습이 싫었는데 청산도의 첫인상은 나에게 흡족하였다.

도시의 흉내를 많이 낸 흔적이 보이지 않아 정감이 간다. 배에서 내리는 곳마다 보이던 좌판 아주머니들도 보이지 않아 더욱 좋았다. 회를 싫어하는 나는 그 비릿한 냄새가 싫다. 지난번 남편이 묵었다던 숙소의 할머니에게 도착을 알리고 〈서편제〉 촬영지로 향했다.

〈서편제〉의 황톳길은 온통 코스모스로 단장되어 그곳을 지나는 사람들을 가을의 천국으로 인도하였고 가을의 전령사 하얀 억새는 머리를 흩날리며 나를 영화 속의 주인공으로 만들어주었다.

산, 하늘, 바다가 푸르러 청산도라 이름 지어진 그 곳은 슬로 시티로 지정이 되어 더욱 빛나 보였다.

'슬로 시티'는 공해 없는 자연 속에서 그 지역에 나는 음식을 먹고, 그 지역의 문화를 공유하며, 자유로운 옛날의 농경시대로 돌아가자는 '느림의 삶'을 추구하는 국제운동이다

전 세계 10개국 93개 도시가 가입되어 있는데, 아시아 지역은 우리나라가 처음으로 전남 4곳(완도군 청산도, 신안군 증도, 담양군 창평면, 장흥군 유치면)이 슬로 시티 국제연맹의 실사를 거쳐 2007년 12월 1일 슬로 시티로 지정되었다.

융단처럼 펼쳐진 황금빛 구들장논과 아직은 물들지 않은 연두색의 조화, 모든 시름과 걱정을 잊고 오직 피사체를 향해 몰두하는 남편의 모습 역시 청산 도를 빛나게 하는 아름다운 정경의 일부였다.

나는 길게 숨을 토해냈다. 때 묻은 양심, 가득 찬 탐욕, 미움과 질투, 짜증과 분노 모두를 털기 시작했다. 푸른 바다에, 맑은 바람에 실려 날아갔을 나의 모든 것들 대신에 내 깊숙한 곳에 이제 남은 시간은 욕심도 없고 미움도 없이 아름답게 살아갈 수 있도록 내 마음의 밭에 코스모스를 잔뜩 심어놓았다.

어릴 적부터 코스모스를 좋아했다. 중학교 1학년 담임을 하셨던 여선생님은 그리 뛰어난 미모가 아니었지만 가냘프고 여려 마치 코스모스 같아 지금까지도 그 선생님을 잊지 못한다.

나는 그 시간 코스모스가 피기를 무척이나 기다리던 시골뜨기 소녀가 되었다. 코스모스 속에서 어색하지만 포즈를 취하고 여러 장의 사진을 찍으며 너무나 행복했다.

세계의 3대 미항 중의 하나인 시드니도 가보았지만 청산도의 아름다움도 그에 못지않다는 생각이 들었다.

청산도에 있는 모든 것들은 다 아름답다. 풀 한 포기, 돌 하나도 때묻지 않았고 파도가 만들어놓은 모래톱까지도 하나의 예술작품처럼 아름답다. 고운 잔디로 동그랗게 빚은 듯한 조상님들의 묘까지도 아름답게 보였으니 청산도의 아름다움에 듬뿍 취했던 것 같다.

다른 곳에서 볼 수 없었던 특이한 장례문화의 흔적인 초분草墳을 볼 수 있었다. 일종의 풀 무덤으로 주로 섬 지역에서 행해지던 풍습으로 시신 또는 관을 땅 위에 올려놓은 뒤 짚이나 풀로 엮은 이엉을 덮어 두었다가 2~3년 후에 남은 뼈를 씻어 땅에 묻는 무덤을 말한다. 상주가 고기잡이를 나간 사이에 갑자기 상을 당하거나 죽은 즉시 묻는 게 매정하다고 생각될 때 또는 뼈에 영혼이 들어있다고 믿는 민간신앙으로 행해졌다고 한다.

바쁘고 복잡한 현대사회에서는 이해가 되지 않는 부분도 있지만 인간의 죽음을 중히 여기던 섬사람들의 생활을 알 수 있었다.

점점 더 쉽고 간단하게 해결하려는 장례문화는 우리들에게 편리함을 주지만 어찌 생각하면 죽음이란 긴 세월을 살다 모든 것을 끝내는 것이다. 뜨거운 불속에 태워 한 줌의 재로 물에 흘려보내는 것은 허무하고 슬픈 일이라는 생각도 들었다.

지금은 시골 어딜 가나 젊은이들을 구경하기란 쉽지 않은 것처럼 청산도에도 역시 노인들이 많이 눈에 뜨이고 논에서 추수하는 분들 역시 연세 드신 노인들이었다. 특히 여자 어르신들이 힘들게 일하시는 모습을 보니 안타까운 생각이 들었다. 평생을 섬에서 일만 하시다 돌아가실 그분들이 불쌍하다는 생각을 하는 한편 세속의 때 묻지 않은 곳에서 순수한 마음으로 욕심 없이 살다 가는 것도 어쩌면 행복할 것이란 생각도 들었다.

빈곤한 나라 방글라데시 사람들의 행복지수가 높다는 생각을 하면 많이 가졌다고 행복한 것도 아니며 많이 안다고 행복한 것은 아닐 것이다.

행복은 소유가 아니며 느낌인 것을…. 행복하고 즐거운 시간은 언제나 짧아 아쉬움을 남기는 것, 어느새 노을이 질 무렵이다.

많이 먹지 않았음에도 배고픔을 느끼지 않을 만큼 나는 청산도에 빠져 있었다.

일몰을 찍기 좋은 장소로 이동하는 한적한 길엔 벼를 말리는 할머니들의 손길이 평화롭다. 여름 내 땀 흘려 심고 가꾸며 사랑하는 자식들에게 나누어주기 위해 얼마나 정성을 쏟았을까? 과연 자식들은 부모님이 힘드셨음을 생각하며 얼마나 감사한 마음을 느낄까? 끝없는 희생도 자식을 위해서라면 힘이 솟는 부모의 심정을 나는 얼마나 헤아려 보았을까? 병원에서 요양 중이신 어머니 생각에 마음이 아팠다. 내 마음을 아는 듯 해는 마지막 화려한 무늬를 숨긴 채 바닷속으로 숨어들었다. 남편은 멋진 낙조를 기대했던 만큼 실망도 큰 듯 밤바다처럼 침묵에 잠겼다.

어둠에 싸인 청산도의 밤은 적막하기까지 하였다. 자식들을 외지로 보내고 혼자 농사를 짓는 할머니는 연세보다 많이 늙어보였지만 너무나 친절하였다.

날이 좀 선선해졌다고 보일러를 잔뜩 올려놓으시고 깨끗한 방을 한 번 더 둘러보시며 편히 쉬라고 하셨다. 지은 지 얼마 되지 않아 깨끗한 방에 화사한 꽃의 침구는 창밖의 짙은 어두움을 배경으로 더욱 고왔다. 조용한 바다, 조용한 마을은 도란거리는 우리의 이야기를 듣기만 할 뿐 말이 없고 그렇게 밤은 깊어갔다.

이튿날, 남편은 새벽 6시에 피곤하다는 나를 남겨둔 채 무거운 사진 가방을 메고 일출을 찍으러 나가고, 나는 마당에 나가 돈을 주고도 살 수 없는 바다가 몰고 온 보약 같은 공기를 마시기 위해 긴 숨을 들이쉬고 내쉬었다.

주저앉고 싶은 곳이다. 옛날 우리 집 마당에 피었던 맨드라미가 아침 이슬에 세수를 하고 노란 가슴을 지닌 분홍색 괴꽃이 화장을 하는 중이다. 자연이 주신 고운 이슬로 세수를 하고 화장을 해도 예쁜 꽃들은 비싼 화장품으로 얼굴을 치장하는 인간들을 향해 무어라 할까? 꽃들이 부럽다.

해가 뜬 지 한참이 지난 시각, 남편은 일출의 모습을 만족하게 찍었는지 기분 좋게 나를 데리러 왔다. 아침 먹을 시간을 놓쳐 간단히 준비해간 과일로 아침을 때우고 청산도의 아름다운 모습을 한눈에 볼 수 있는 산에 올랐다.

어제 그토록 아름다운 청산도의 모습을 눈으로 가슴으로 느끼고 욕심껏 마음 가득히 채웠는데도 또 빈자리가 있어 더 꽉꽉 눌러 채웠다.

파란 하늘이 손에 닿는다. 깊은 악수로 이별하는 시간이다.

이곳을 떠나기 전에 벌써 봄에 함께 또 오자는 남편의 말에 아쉬움을 턴다.

집을 떠나면 잠을 자지 못하는 탓에 피로가 몰려왔지만 돌아오는 배 안에서 나를 행복하게 해 준 쪽빛 바다와 수많은 대화를 했다. 아름다운 청산도가 보이지 않을 때까지….

(충북수필)

가을을 보내며

볼라벤을 비롯하여 네 차례에 걸친 태풍의 위력을 꿋꿋이 이겨낸 곡식들이 상처 낸 농부들의 마음을 위로해주듯 추수를 기다리고 있다. 농촌에서 어린 시절을 보낸 나는 이 즈음이면 메뚜기가 파닥이는 논둑을 거닐던 단발머리 소녀 시절을 떠올리며 고향의 그리움에 젖는다.

싱싱한 배추들이 고갱이를 품으려고 넓게 손을 벌리고 있는 넉넉함에서 스러져가는 가을 단풍의 슬픔을 떨쳐낼 수 있으며, 수확하는 농부들의 구부린 모습에서 삶의 의욕을 찾으려 애써본다. 그러나 땀 흘림 속에서 느끼는 농부들의 허탈함을 생각하면 내 일인 듯 가슴 한구석이 허전하다. 봄부터 씨 뿌리고 김매며 흘린 땀과 노력이 얼마나 그들을 만족스럽게 해 줄 수 있으며 희망을 가지고 다시 씨앗 뿌릴 의욕을 줄 수 있는지 걱정이 앞선다.

올해 남편은 지인들과 어울려 고추 농사를 지었다. 농사라고까지는 말할 수 없지만 밭 두 골에 고추모를 심고 혹여 시들까 걱정이 되어 매일 물을 주고 잡초를 막기 위해 고랑에 신문지를 깔아주며 정성을 기울였다.

고추는 정성을 알아주듯 무럭무럭 잘 자라 하얀 고추 꽃을 피우더니 마치 화초 열매를 맺듯 통통하게 살찌는 모습이 너무나 신기하였다. 조롱조롱 매달린 싱싱한 무농약 고추를 송송 썰어 끓인 된장찌개는 일품이었다.

그토록 싱싱하게 잘 자라 기쁨을 안겨 주던 고춧대는 어느 날 태풍이 몰아치고 난 뒤 부러지고 쓰러져 고추를 다 떨구고 주저 앉아버렸다. 너무도 안타까워 쓰러진 고춧대를 세워보았지만 한 번 쓰러진 고춧대는 깨나지 못하고 이내 말라버렸다. 농사일을 잘하지 못하면서도 공을 들인 남편의 마음은 무척 허전했으리라.

겨우 고추밭 두 골을 잃고도 가슴이 아픈데 하물며 일 년 내내 힘들여 수확을 앞둔 그들의 생계를 이어줄 사과와 배가 다 떨어져 못 쓰게 되었을 때 심정이 어떠했으랴.

이렇듯 힘든 중에도 수확기 농촌에 도둑들이 기승을 부리고 있어 연이은 태풍에 신음해 온 농심農心이 이제는 도둑들 때문에 가슴 졸이고 있다고 한다. 특히 올해는 작황 부진으로 농산물 값이 급등한 터라 절도 피해 건수와 규모가 한층 커질 것으로 우려되지만 경찰

인력에도 한계가 있어 당장 뾰족한 해법을 찾기 어려운 상황이란다.

나도 밭둑에 심어 놓았던 호박 8개를 도둑맞았다. 풀숲에 가려져 발견을 못해 따먹지 못하여 늙어버린 큼직한 호박이었다. 며칠 전까지만 해도 파란 잎 사이로 누런 몸을 드러내어 겨울에 호박죽을 쑤어먹겠다고 좋아했던 나를 허탈하게 만들었다. 남이 농사지은 그 호박을 따던 손은 어떤 손이었을까 며칠 간 아른거렸지만 잊기로 했다.

농작물 피해자 상당수는 혼자 살면서 근근이 농사로 생활비를 마련하는 노인들이라니 상심이 더 클 수밖에 없을 것이다. 제발 피땀 흘린 농작물을 훔쳐가는 도둑들이 더 이상 농심을 울리지 말기를 진심으로 바라며 이 가을 들녘이 풍요롭고 평화스럽지만은 않은 현실이 안타까워 가을을 보내는 마음이 더 허전하다.

(충청타임즈)

제자의 반성문

아이들을 담임하다 보면 학년에 따라 유난히 말썽꾸러기가 많은 해가 있다. 교사 시절, 6학년 담임했을 때의 일이다. 3월이 시작된 며칠 후 사고 1호를 접하게 되었다. S가 친구끼리 장난을 하다 계단의 난간에 부딪쳐 이를 부러뜨린 것이다.

나는 가슴이 떨리고 얼굴이 화끈거렸다. 얼른 부러진 이를 들고 치과로 달렸다. 다행히 부러진 이는 기술적으로 때울 수 있어 안도의 숨을 쉬었고, 부모에게는 담임으로서 아이들을 잘 못 보살펴 죄송하다는 말씀을 드리고 마무리가 잘되었다.

며칠 후 점심시간을 끝내고 5교시 수업시간이 시작되었는데 S가 보이지 않았다. S가 교감선생님과 함께 파출소에 불려갔다는 것이다. 수업 중이라 반장을 시켜 S를 데려오라고 하였다. 그러나 심부름을 간 아이는 혼자 돌아왔다. 반장은 S가 주인이 없는 집에 들어가 의심 받을 짓을 하여 조사를 받아야 한다고 전했다.

얼마 후 돌아온 S에게 반성문을 쓰게 하고, 버릇을 고쳐보려고 너를 잘 못 가르친 나에게도 책임이 있으니 선생님도 학교를 그만두어야겠다고 심각하게 말했다. 그랬더니 S가 쓴 반성문에는

"선생님 정말 제가 잘못했어요. 저 때문에 선생님을 그만두시면 어떻게 해요. 만약 선생님을 못하시게 되면 제가 돈을 벌어서 선생님을 먹여 살릴게요."

나는 서투르게 쓴 그 아이의 글을 보고 목이 메었다. 비록 잘못을 했지만 순수한 아이의 마음을 읽으며 특별지도를 해야겠다고 생각했다.

직장을 다니시는 어머니가 안 계신 텅 빈 집에서 혼자 있는 시간을 줄여주기 위해 학교에서 무상으로 컴퓨터 과외를 받도록 했다. 그땐 컴퓨터가 처음으로 도입 되어 S가 컴퓨터의 어려운 기능을 익히기엔 무리였지만 잘하는 아이의 옆에서 흥미만이라도 갖도록 하였더니 아주 열심히 배우고 나에게 자랑을 하였다.

내가 퇴근할 때 같이 하교를 하게 하여 혼자 집에서 있는 시간을 줄여주었다. 다음엔 착실한 친구를 하나 붙여주었다. 옆자리에 앉혀주고 언제나 함께 다니도록 하며 뒤처진 기초학습을 가르쳐주고 함께 놀아주니 그동안 친구로부터 외면당하고 무시당했던 것으로부터 벗어나기 시작했다. 아이의 마음을 움직일 수 있는 선행이 담

긴 책을 권해주며 무엇을 느꼈는지 꼭 대화를 나누어 그 아이의 마음을 움직이도록 하였다. 그 후로 S는 나를 실망시키는 행동을 하지 않고 졸업을 하였다. 이십여 년이 지났지만 아직도 눈에 선한 제자이다. 아마도 지금은 성실한 가장으로 행복하게 살고 있으리라 믿는다.

그해엔 여러 사건들로 놀라는 일이 많았다. 학교의 현관 유리창을 주먹으로 쳐서 피투성이가 된 손을 12바늘이나 꿰매는 동안 나를 자지러지게 한 아이도 있었고, 수학여행지에서 야구 방망이로 다른 반 아이의 이마를 쳐 병원에서 뇌 촬영을 하는 동안 간절한 기도를 올리기도 했다. 남의 집 장독에 돌을 던져 장독을 깨 주인 할아버지가 쫓아와서 간장값을 물어달라고 호통을 칠 때에 나의 지도가 부족한 탓이라고 사과를 드리며 부끄러워 고개를 들 수 없던 일도 있었다. 집을 나간 아이가 3일씩이나 들어오지 않아 잠을 설치며 괴로운 날도 있었고 그 외에도 아이들은 자주 문제를 일으켜 정말 잊을 수 없는 교사생활의 한 해였다.

교사들은 학생들에게 교과서에 있는 지식만을 가르치는 게 아니라 아이들의 생활지도에도 관심을 기울이며 온종일 긴장 속에서 생활하고 있다. 행여 사고라도 나면 부모 못지않게 가슴을 조이며 걱정을 한다.

요즘 교사들이 학부모와 제자로부터 폭행을 당하는 사례가 늘어나고, 학생지도의 어려움으로 명퇴를 원하는 교사가 늘어가고 있다. 이제 교단을 떠난 시민으로서 '스승의 날'을 맞아 힘들어도 묵묵히 제자를 사랑하며 교단을 지키는 선생님들에게 격려를 보내고 스승 존경 풍토가 되살아나길 간절히 바란다.

(충청타임즈)

4

명화 名畵

오늘도 새로 산 핑크빛 원피스 자락을 휘돌리며 어설픈 발레를 자랑하다 넘어지며 까르르 웃는 손녀, 장기를 두는 반백의 할아버지와 손자의 다정한 모습은 한 폭의 명화名畵로 즐거운 우리 집에 행복을 수놓는다.

거울

시내버스 옆 자리에 앉은 이십대로 보이는 여성이 연신 거울을 들여다본다. 곁눈질로 살짝 보니 어색한 쌍꺼풀에 짙은 아이섀도를 바르고, 나름대로 콧대도 높으며 짙은 립스틱을 칠하였다. 화장이 짙은 데도 콤팩트로 연신 얼굴을 두드리며 눈을 깜박거리고 입을 움직이는 등 화장을 고치고 있는 모습이 그리 예뻐 보이지는 않았다.

시내버스를 탄 지 20여 분이 넘도록 거울을 들여다본 그가 버스에서 내리자 뒤에 앉았던 할머니께서 한 말씀하셨다.

"웬 거울을 그리 오래 들여다봐. 그리 예쁜 얼굴도 아니구먼."

할머니의 말씀에, 남을 의식하지 않고 거울을 들여다보던 그가 조금은 지나치다는 생각을 하면서도 버스를 탈 때마다 흔히 보는 모습이어서 더욱 예뻐지고 싶은 그의 마음을 미소로 날렸다.

인류 최초의 거울은 호수나 연못과 같은 물의 표면이었으나 물의 표면은 쉽게 흔들리고, 휴대할 수가 없어 암석을 갈아 매끈하게 윤을 내어 거울로 사용하기 시작하게 되었단다. 차츰 과학의 발달과 함께 구리나 유리의 제조 기술이 발달했고, 은도금의 새로운 기법을 거울에 사용하여 지금에 이르렀다.

과거의 거울은 사람의 얼굴을 비춰 보는 용도로 사용될 뿐만 아니라 부富나 권력을 상징하기도 했는데, 요즈음은 누구나 거울을 소지할 수 있고, 거리의 곳곳에서 쇼윈도에도 자신의 모습을 쉽게 비춰 볼 수가 있다.

행여 화장을 한 얼굴이 번지거나, 머리가 흐트러졌거나 옷매무새가 바르지 못할까 걱정스러워 살짝 거울을 비춰보는 애교는 남이 보기에 그리 나빠 보이지는 않다. 그러나 사람들이 많이 보는 앞에서 지나치게 거울을 들여다보고 갖가지 얼굴 표정을 연출하는 모습은 그리 보기 좋은 장면은 아니라는 생각이 든다.

거울은 원래의 모습 그대로를 비춰준다. 나도 하루에 두세 번쯤은 점점 깊어지는 주름살을 솔직하게 드러내는 거울을 보면서 세월의 흔적을 함께 본다. 얼굴 여기저기 검은 점들이 꽃밭의 잡초처럼 나타나고, 제법 큰 검버섯과 기미도 어울리려 한다.

외출을 하지 않는 날엔 점들이 마음껏 드러나도록 당당하게 가족들 앞에 민낯을 내민다. 원래 그리 예쁜 얼굴은 아니었으니 거울 속의 나를 보고 크게 실망하지 않고 자연의 순리로 받아들인다.

며칠 전, 내가 사는 아파트의 승강기 벽에는 '진정 아름다운 사람이 되고 싶으면 거울을 보지 말고 다른 이에게 비춰지는 내 모습을 보라.'는 의미의 시가 붙었다.

이제 주름 깊어가는 내 모습을 유리 거울에 비추며 씁쓸해 하지 말고, 다른 사람의 마음 거울에 비친 내 모습이 어떨까를 자주 들여다보는 사람이 되어야겠다는 생각을 한다.

매일 함께 사는 가족들, 이웃들, 친구들, 그리고 거리에서 스치는 사람들에게 비춰지는 내 모습에서 환하고, 겸손하고, 넉넉한 모습이면 좋겠다. 내면이 아름답게 비춰지는 거울을 자주 들여다보며 흐뭇한 미소를 지어야겠다.

(충북수필)

역지사지易地思之

나는 어릴 적 평산平山 신씨申氏 집성촌에 살았다. 면소재지인 우리 마을의 정확한 가구 수와 인구수를 기억하진 못하지만 짐작으로 가구의 70% 이상 평산平山 신씨申氏가 살았던 것 같다. 옆집도 앞집도 뒷집도, 아저씨 아주머니 조카 동생이었다. 나이는 어렸지만 항렬이 높은 나에게 머리가 하얀 할아버지께서 아줌마라고 부를 때마다 계면쩍었던 게 생각난다.

이렇듯 마을 대부분이 일가친척들이었기에 기쁜 일이나 슬픈 일이 생기면 내 일처럼 서로 돕고 기쁨과 슬픔을 함께 나누었다. 이런 마을의 분위기는 타성他姓을 가진 몇 가구의 사람들까지도 자연스럽게 함께 어울리게 되어 다소 언짢은 일이 생기더라도 서로 너그럽게 이해하고 도와주었기에 이웃 간에 큰 다툼 없이 평화로운 마을을 이루었다.

우리 집과 옆집 사이엔 담이 없었다. 그리 가까운 친척은 아니었지만 담을 헐고 공동 우물을 판 후엔 한 집이 되어버려 대문까지도 양쪽 집이 함께 사용할 정도로 사이좋게 지냈다.

각종 범죄가 기승을 부리고 폭력이 난무하며 부모 자식 간에도 아파트 비밀번호를 감추고 사는 요즈음엔 어림없는 일이겠지만 내 어린 시절엔 그게 자연스러운 일이었다.

결혼 후 시부모님과 함께 살다 살림을 난 후 처음 주택을 사서 이사를 했을 때만 해도 이웃과 잘 어울려 지냈다. 함께 사신 친정어머니께서는 앞집 할머니와 옆집의 젊은 아낙과 어울려 맛있는 음식도 함께 해 먹고 아이들도 함께 어울려 형제처럼 지내며 나도 시간이 날 때는 그들과 어울려 가족 나들이도 하는 즐거움을 누렸다.

이렇듯 이웃과 어울려 살다 큰아이가 고등학생이 되면서 학교 근처의 아파트로 집을 옮기며 이웃사촌과 함께 어울리는 기쁨은 끝났다.

아파트는 주택과 달리 집에 고장이나 파손으로 손 볼 걱정 없고 눈이 많이 와도 치울 걱정 없이 난방과 냉방에 살기 좋았지만 위층에 사는 분이 사업을 하는 분이어서 자주 친목모임을 하며 음악 소리와 시끄러운 소리 때문에 신경이 쓰였다. 그때만 해도 아파트의 방음이 시원치 않은 탓도 있겠지만 참을 만큼 참다가 힘든 사정을 이야기 한 후로 조심은 하였으나 이웃과는 여전히 서먹서먹하여 사이 좋은 이웃으로 지내지 못하였다.

다음에 이사한 아파트는 다행히 위층에 연세 많으신 두 분이 사셔서 조용했다. 옆 라인에 사는 성당 교우가 층간 소음 문제로 이사까지 생각을 하는 모습과 직장동료가 술에 취한 아랫집 주인과 층간 소음 문제로 말다툼을 하다 형사문제로 골치를 앓는 모습을 보며 나는 층간소음의 심각성을 알게 되었다. 그동안 내게 층간 소음으로 큰 문제가 없어 그리 큰 관심을 갖지 않았는데 아파트를 옮기며 역지사지易地思之로 층간소음 때문에 고민이 생겼다.

직장에 다니는 며느리 대신에 손자 손녀를 돌보게 되었는데 남매인 녀석들이 콩콩거리며 뛰어서 걱정이 되었다. 아무리 조심을 시켜도 아이들을 말릴 수가 없어 신경이 많이 쓰였다. 다행이 아랫집 젊은 내외분은 한 번도 인터폰이나 전화가 없어 오히려 마음이 불안하여 승강기에서 만날 때마다 감사하고 죄송한 마음으로 머리를 조아리며 정중한 인사를 하면 괜찮다며 오히려 나를 안심시켜 주었다.

점점 아파트가 늘어나는 요즈음 아파트 층간소음 문제는 남의 이야기가 아니고 내게도 일어날 수 있는 심각한 문제다. 층간 소음의 가해자도 피해자도 똑같이 마음이 괴로운 것을 많은 이들이 경험하였으리라 생각한다.

층간소음의 문제가 심각한 문제로 번지는 것은 이웃과의 단절이며 현대사회의 특징인 이기심이 큰 원인이 되는 것 같다.

옛날처럼 대문을 활짝 열고 살기엔 현실이 무섭고, 바삐 살다 보니 여유롭게 이웃과 어울리며 지내기가 힘이 들겠지만 평소 이웃과의 교류로 정을 쌓고 기쁜 일이나 슬픈 일이 있을 때 서로 인사를 나누는 사이라면 층간 소음으로 크게 다투며 문제가 생기는 일은 없을 것이다. 살다 보면 사람은 누구나 정도의 차가 있을 뿐 알게 모르게 가해자와 피해자의 입장이 될 수 있다.

민족의 대명절인 설이 다가온다. 명절이면 작은 갈등으로 인해 집안의 화목이 깨지는 사례가 종종 있다. 시어머니와 며느리, 남편과 아내가 서로의 입장이 되어 배려하고 이해하는 즐거운 명절이 되길 바란다. 또한 모처럼 가족들이 기쁨을 함께 나누느라 평소보다 좀 더 시끄럽고 활동량이 많아져 이웃 간에 불미스런 일이 없도록 역지사지로 미리 양해를 구하고 너그럽게 이해해주는 아름다운 이웃이 되었으면 좋겠다.

(충청타임즈)

사라지는 것들

먹거리를 내어줄 가을 들판을 마지막으로 지킨 건 고갱이를 품은 배추밭이다. 배추밭마저 다 내어주고 가을은 손 흔들며 떠났다. 인간의 욕심으론 감히 따를 수 없는 자연의 비움에 감사 인사를 보낸다. 싹 틔우고 꽃 피워 열매 맺은 알곡과 과일, 푸성귀를 다 내어주고 미련 없이 떠나는 자연 앞에서 끝없는 나의 욕심이 부끄럽다.

가을이 주고 간 마지막 선물인 김장 배추는 곡식이 부족했던 지난 시대엔 꼭 필요한 겨울 양식이었다. 쌀 한 줌 넣고 김치를 듬뿍 넣어 멀겋게 죽을 끓여, 삶은 고구마에 곁들여 먹으면 든든한 한 끼의 식사로 배고픔을 채워주었다. 그나마 김치도 풍족하지 못한 가정에선 이른 봄이면 김치 항아리를 비우며 아쉬워했다.

김장은 쉬운 일이 아니다. 어머니는 김장 전날이면 배추를 절이느라 밤새 몇 번씩 일어나시느라 잠을 제대로 못 주무셨다. 고무장갑도 없이 찬물에 절인 배추를 씻느라 어머니의 손은 발갛게 부어올랐다. 김치에 들어갈 양념을 준비하시느라 며칠 전부터 마늘 까고 파를 다듬는 모습이 힘들어 보였다. 김장을 하는 날, 어머니는 이웃 아주머니들과 어울려 정담을 나누고 찰밥을 함께 드시며 웃음꽃을 피우셨다. 김장은 어머니의 연례행사로 당연히 해야 하는 것이라 여기시고 힘들다는 말씀을 하신 적이 없다.

의학 전문가들의 말에 의하면 주재료로 이용되는 배추 등의 채소는 대장암을 예방해주고, 김치의 재료로 꼭 들어가는 마늘은 위암을 예방해 준단다. 또한 김치에는 베타카로틴의 함량이 비교적 높기 때문에 폐암도 예방할 수 있으며, 고추의 매운 성분은 폐 표면에 붙어 있는 니코틴을 제거해 준단다. 또한 김치는 발효과정을 거치면서 처음 함량의 비타민보다 최소 2배까지 증가한다고 한다. 체내의 당류나 콜레스테롤 수치를 낮춰주므로 당뇨병, 심장질환, 비만 등 성인병 예방 및 치료에 도움을 준다니 김치가 얼마나 좋은 식품인가!

우리나라의 김장은 '김치를 담그는 문화'로 그 우수성을 인정받아 유네스코 인류무형문화유산에 등재되어 있다. 유네스코는 '김장문화에는 한국인이라는 공동체를 아우르고 고유의 정체성이 깃들어 있으며 가족, 세대, 이웃 간에 나눔의 정신을 실천하고 자연재료를 이용함으로써 인간과 자연의 아름다운 조화를 일깨워주는 음식문화'라고 평하고 있다.

이토록 우수한 김장문화가 점점 사라지고 있다. 인스턴트식품으로 인하여 김치의 소비가 줄고, 또 바쁜 일상으로 손이 많이 가는 김장을 담그는 일에 대한 기피 현상 때문이다. 김장의 기업화로 공장에서 다량으로 생산되는 김치를 손쉽게 사먹을 수 있다는 점도 그 이유일 것이다.

세대 간 명절스트레스로 인한 가정의 불화로 간소화 바람이 부는데 이젠 김장에 대한 스트레스로 인한 갈등도 많아지고 있다고 한다. 손쉽게 사 먹을 수 있고 오히려 노동에 비해 경제적일 수 있다는 그들의 생각이 틀리다고 할 수는 없지만 아직까지 손수 김치를 담가 먹은 나에게 점점 사라져가는 것들에 대한 아쉬움이 크다.

절인 배추를 찬물에 씻던 어머니의 고생에 비할 바 못 되지만 올겨울에도 김장을 하느라 힘이 들었다. 가족들이 먹을 맛있는 김치를 담기 위해 좋은 양념 재료를 구하느라 먼 곳까지 다녀왔다. 며칠 전부터 김장 준비를 위해 김장 속을 만드느라 팔다리가 아팠다. 그러나 김장을 하는 날, 아들 삼형제와 며느리들이 둘러앉아 양념을 버무리고 김치 속을 넣는 모습에서 가정의 화목과 행복이 느껴져 마냥 보기 좋았다. 김장을 끝내고 수육을 삶아 담소를 나누는 자식들의 모습을 바라보니 흐뭇하여 먹지 않아도 배가 불렀다.

시대의 변화에 따라 문화도 변한다. 변화는 발전이고 개혁이다.

그러나 전해오는 미풍양속과 전통문화를 이어가는 것 또한 변화만큼 가치 있는 일이 아닐까?

직장 다니느라 힘든 데도 불구하고 힘든 내색 없이 김장을 담그러 멀리서 달려오는 며느리들이 기특하고 사랑스럽다. 그러나 내 힘이 부치고, 아들과 며느리들이 김장하는 일이 힘들다고 김치를 사서 먹자고 하면 그들의 뜻을 따라야겠지만 사라지는 것들에 대한 아쉬움이 크리라. 사라지는 문화를 지키고 이어가기 위해선 세대 간, 남녀 간의 이해와 협조가 절실히 필요한 것 같다.

(충청타임즈)

명화名畵

"할아버지, 제가 차車, 포包 떼어 드릴 게 저하고 장기 한 판 두실래요?"

이제 초등학교 2학년인 손자의 말에 고희를 넘긴 남편은 어이가 없다는 듯 껄껄 웃었다. 나 역시 어느새 할아버지와 장기를 둘 정도로 훌쩍 큰 손자가 대견스러워 등을 어루만지며 흐뭇한 미소를 지었다.

남편은 손자에게 장기 두는 방법은 물론 상대방에 대한 배려와 양보, 침착함도 함께 가르쳤다. 의젓한 손자는 장기 실력 못지않게 시합에 몰두하는 진지함과 상대방을 배려할 줄 아는 태도를 보여주어 내 마음을 흐뭇하게 해준다.

같은 무렵 퇴직한 친구들이 모임에 자주 빠지고 지각을 하는 내게 그동안 직장 생활하느라 힘들게 살았는데 이제는 좀 편하게 살라고 쓴소리를 하지만 손자 손녀를 돌본 지 5년이 되었다. 그동안 힘들 때마다 편하고 자유스럽게 살아가는 친구들이 부럽기도 하다. 그러나 어느새 초등학생이 되고 유치원생이 된 두 녀석들을 보면 결코 나의 희생이 헛되지 않았다는 생각을 한다.

나는 아들 삼형제를 두었다. 직장생활에 성실하려고 노력했고, 가정 살림도, 아이들 키우는 일에도 충실하려고 안간힘을 쓰느라 몸도 마음도 힘이 들었다. 아이를 낳을 때마다 한 달도 제대로 쉬지 못하여 붓기도 빠지지 않고 푸석한 얼굴로 출근을 하면서도 세 아이들이 반듯하게 잘 자라주는 기쁨이 있었기에 힘든 고비를 넘길 수 있었다.

손자 손녀를 키우면서 내 아이들 키울 때와는 또 다른 기쁨을 맛보고 있다. 공주라 자칭하며 예쁜 얼굴로 온갖 재롱을 부리는 손녀 예솔이와, 먹을 것이 있으면 할아버지 할머니 입에 먼저 쏙 넣어주는 손자 찬솔이의 의젓한 모습에 우리 부부는 삶의 보람을 느끼며 흐뭇한 웃음을 짓는다. 외출해서 돌아올 때 현관문 여는 소리만 나면 두 녀석들이 몇 달쯤 못 본 것처럼 환호성을 지르며 쫓아와 안길 때 나는 세상의 할머니들 중 가장 귀한 손자 손녀를 둔 행복에 젖는다.

손자 손녀를 키우는 일은 결코 쉬운 일이 아니다. 온종일 기저귀 갈고, 우유 먹이고, 아기가 아파 칭얼거리면 몸이 달아 진땀을 흘렸고, 병원에 쫓아 다니다보면 저녁에 온몸이 쑤시고 아팠다.

그러나 잠잘 때 끙끙 앓는 소리를 내면서도 며느리에게 부담을 줄까 아프다는 말도 하지 않았다.

가끔씩 있는 친구들 모임에도 며느리의 늦은 퇴근으로 참석하지 못할 때는 짜증도 났다. 그러나 하루가 다르게 예뻐지고 재롱 피우는 녀석들로 고단함을 참을 수 있었고, 직장에 다니는 젊은 엄마들이 아기를 맡길 곳이 없어 쩔쩔매는 모습을 볼 때면 아기도 엄마도 측은해 보여 손자 손녀 돌보기를 잘한 것 같다는 생각을 한다.

나는 이제 초등학교 2학년인 손자에게 교사의 경험을 살려 학습지도까지 한다. 손자는 영특하여 이해가 빠르고 문제 해결능력이 탁월하며 책을 많이 읽어 상식이 풍부하다. 특히 과학에 관심이 많아 어려운 질문으로 나를 당황하게 할 때면 '어느새 이렇게 많이 컸을까.' 하는 마음에 대견하고 흐뭇하다. 손자는 성격도 밝고 씩씩하여 친구들에게도 인기가 좋아 학급의 부회장이 되어 우리 부부를 기쁘게 했다. 임명장을 받아오던 날 우리 부부는 손자를 끌어안고 아들이 반장에 뽑혔던 날보다 더 기뻐했다.

교사란 직업이 힘든 것을 알기에 며느리의 수고를 덜어주려고 저녁식사 준비를 다 해 놓는다. 삼대가 즐거운 저녁식사를 한 후 손자 찬솔이는 몸을 날리며 태권도를 선보이고, 이에 질세라 손녀 예솔이는 유치원에서 배운 율동을 선사하여 하루의 피로를 풀어준다. 키워주고 가르치고 뒷바라지에 비록 몸은 고달프지만 손자 손녀를 키우는 사람만이 느낄 수 있는 귀한 행복이다.

금년 2월은 남편의 고희를 맞아 아들 삼형제가 가까운 친척들을 모시고 조촐한 축하연을 베풀었다. 자식들에 이어 손자 손녀까지 키우느라 힘이 들지만 건강한 아들 며느리와 손자 손녀의 축하에 모든 힘겨움이 한 방에 날아가고 우리 부부는 매우 행복했다. 특별 이벤트인 손자의 축사는 내 생의 행복한 날로 기억될 만큼 흐뭇했다.

"할아버지, 할머니, 저희들을 사랑으로 키워주셔서 정말 감사합니다. 할아버지 할머니의 꽃인 예솔이와 희망인 찬솔이가 훌륭한 사람이 되어 은혜를 꼭 갚을게요. 오래 오래 사세요."

이제 두 녀석은 스스로 하는 일이 많다. 양치질도, 세수도, 옷을 갈아입는 일도 잘한다. 매일 아침 할아버지가 손잡고 데려다 주던 예솔이의 유치원은 찬솔이가 학교 가는 길에 나란히 손잡고 함께 간다.

일흔을 바라보는 나이가 되니 고지혈, 골다공이 겹치고 손자 손녀를 키우느라 힘이 들었던지 팔 다리 허리 모두가 적신호를 보내온다. 그러나 앞으로 건강이 허락하는 날까지 손자 손녀가 건강하고 성실한 사람으로 성장할 수 있도록 정성을 다해 키워주겠다는 결심을 한다.

오늘도 새로 산 핑크빛 원피스 자락을 휘돌리며 어설픈 발레를 자랑하다 넘어지며 까르르 웃는 손녀, 장기를 두는 반백의 할아버지와 손자의 다정한 모습은 한 폭의 명화名畵로 즐거운 우리 집에 행복을 수놓는다.

(충북수필)

생각의 차이

새벽 4시, 채 숨지 못한 별 하나가 반짝인다. 어둠을 뚫고 속력을 알 수 없는 화물차들의 행렬에서 두려움을 느낀다. 나는 운전하는 남편이 걱정이 되어 묵주를 들고 기도를 드린다.

동살이 트고 산허리를 휘감은 숲 사이로 얼굴을 내민 단풍의 숲과 노란 들국화가 새벽의 두려움을 없애준다. 유장하게 흐르는 소양호의 반짝이는 물결에서 맑은 날씨를 예감하며 여행의 설렘은 커진다.

다행히 차가 밀리지 않고, 휴게소에 들르지도 않아 7시 30분에 한계령을 지났다. 한계령에는 어느새 고운 단풍이 사라지고 마른 옷을 입은 핏기 잃은 잎들이 겨울을 맞고 있었다. 뉴스에서 대관령에 서리가 내리고 얼음이 얼었다는 보도에 만경대의 아름다움을 못 보게 될까 걱정이 되었다.

7시 50분, 드디어 오색약수에 도착을 하니 우리처럼 일찍 산을 찾은 사람이 많았지만 입장을 못할 정도는 아니었다. 햇살이 밝았으나 날씨가 쌀쌀하여 몸을 움츠렸다. 그러나 만경대를 볼 수 있다는 기쁨에 추위는 아랑곳하지 않았다.

만경대는 설악산의 최고 봉우리로 만 가지의 경치를 바라볼 수 있다 하여 붙여진 이름이다. 1970년 3월 설악산이 국립공원으로 지정되면서 출입이 통제되어 46년 동안 모습이 감춰져 있었다. 금년 10월 1일부터 11월 15일까지 46일 동안에만 볼 수 있다는 기쁨에 새벽 공기를 가르며 무리한 여정을 잡았기에 그 기쁨 또한 컸다.

한계령의 마른 잎과는 달리 선녀탕을 지나 용소폭포에 이르는 단풍의 숲은 환상적이었다. 손으로 떠서 마셔도 될 것 같은 맑고 깨끗한 물, 산을 떠받친 장대한 바위, 그리고 눈이 부시도록 파란 하늘 한구석에 나를 선한 사람으로 슬그머니 그려 넣었다.

용소 폭포에서 만경대까지는 약 1.8km이다. 오색약수를 지나지 않고 만경대에 입장할 수 있는 지점에 이르자 긴 행렬이 이어졌다. 과연 만경대를 보러 왔다가 인파에 밀려 포기하고 돌아갔다는 사람들의 이야기가 사실임을 알게 되었다. 그리고 46년이나 감추어졌던 숲과 만경대에 대한 호기심이 가득했다.

만경대 입장 문을 들어서니 전날 내린 비로 축축한 좁은 길에 떨어진 나뭇잎들이 즐비하다. 휘어진 나뭇가지는 46년 동안 보지 못했던 사람들의 온기를 너그럽게 받아들인다. 두루 살피며 그들과 반가움을 교감하고 싶었으나 앞사람과 바짝 좁혀진 좁은 길을 따라 가느라 눈인사로 대신했다. 발걸음을 재촉하니 정상까지 500m의 가파른 지점에 닿았다. 그곳부터는 계속 오르막이라 숨을 헐떡이며 서너 번을 나무에 기대어 쉬었다. 남편은 대형 카메라를 두 대나 짊어져 더욱 힘들어 보여 나를 안타깝게 했지만 나도, 남편도 만경대의 기대로 미소를 지었다.

드디어 도착지점에 이르렀을 때 거대한 바위가 인자한 미소를 짓고 있었다. 만경대 앞에 선 사람들의 환호가 이어지고 여기저기 사진기의 셔터 소리와 휴대폰들을 든 손들이 바삐 움직였다. 나도 그들 틈에 끼어 포즈를 취하고 남편의 카메라에 나를 담았다. 남편이 작품 사진을 찍는 동안 나는 자연이 만든 거대한 아름다운 작품 앞에서 한없이 작아졌다. 46년 동안 침묵 속에서 인내하며 설악을 품어준 그가 위대해 보였다. 자연이 이루어낸 신비스럽고 아름다운 그의 모습에 흠뻑 빠져들었다.

자연의 모습은 감상하는 사람에 따라 다양하다. 만경대를 보고 환호하는 사람들이 있는 반면에 실망을 하는 사람도 많았다.

'겨우 이까짓 것을 보려고 힘들게 올라왔는가.'라는 후회의 목소리도 들렸다. 그 순간 나는 오만하게도 그들을 자연의 아름다움을 모르는 사람들이라고 생각했다. 그러나 많은 기대를 걸고 새벽부터 오랜 시간 줄을 서서 기다렸고, 막바지 힘들게 올라왔는데 화려한 풍경이 아닌 커다란 바위만 보이니 그런 말을 할 수도 있다는 생각이 들었다.

만경대는 내년에도 개방을 할 것인지 아직 정해진 바가 없다고 한다. 만경대를 뒤로하고 다시 오색약수로 내려오는 길은 경사가 심해 쉽지 않았다. 여정을 마치고 돌아오는 차 안에서 남편과 함께 만경대의 소감을 나누었다. 남편에게 '볼 것도 없는 곳을 올라오느라 고생만 했다.'는 사람들도 있더라고 했더니 누구나 생각의 차이는 있는 게 아니냐고 했다. 남편은 나보다 너그러운 사람이라는 생각이 들었다.

젊은 시절, 남편과 의견 충돌이 있을 때 나는 논리적으로 따지는 버릇이 있었다. 아무래도 내 생각 내 판단이 옳다는 생각에 고집을 세워 남편을 힘들게 했다. 아이들에게도 내 생각의 기준으로 이끌려고 해서 아이들의 행동에 제재를 가하는 일이 많았다. 아마도 나의 이런 버릇은 친구들에게도 작용을 하여 상처를 주었을지도 모른다.

사람마다 얼굴 모습이 다르듯 생각이 다르다. 이제 내 생각과 다르다고 하여 무시하고 비난하는 어리석은 생각을 버려야겠다. 자연은 베풀고 품어준다. 봄은 푸르다 하여 자랑하지 않고, 겨울이 헐벗었음을 비난하지 않는다. 만경대가 너그러운 마음으로 그를 찾는 모든 사람을 반겨주고 품어주듯 나도 생각의 차이를 인정하고 존중해 주는 너그러운 사람이 되어야겠다.

(충청타임즈)

교만과 겸손

나뭇잎을 다 떨구어낸 나목 사이로 소복이 쌓인 눈 무더기가 완연한 겨울을 보여준다. 언제부터인가 가을과 겨울의 경계가 불분명하여 계절의 구분이 어렵다. 수은주가 영하로 내려가고 눈이 내리는 시점이 돼야 겨울이 옴을 실감하는데 벌써 두 번의 눈이 내렸고 계속 눈 소식을 알려오니 이제 겨울은 사람들의 어깨를 움츠리게 하고 우리들의 마음까지 얼어붙게 하리라.

몸도 마음도 얼어붙어 추운 마지막 달에 훈훈한 삶의 이야기보다 우울한 소식들을 접하며 마음을 더욱 무겁게 한다.

함께 살던 동거녀를 생선처럼 도막내어 버리는 인면수심人面獸心의 나쁜 사람이 있는가 하면 가진 자의 교만이 하늘을 찌르는 행동에 분노가 일고, 정가에서는 이해 못할 사건으로 우리에게 실망을 안겨준다.

많은 교통수단 중에서 내 마음을 설레게 하는 것은 비행기이다. 내가 비행기를 이용하는 때는 여행 이외에는 없었다. 물론 사업차 비행기를 타는 사람도 있겠지만 대분은 여행의 부푼 꿈을 안고 비행기를 타는 사람들이 많으리라 생각한다.

여러 번 비행기를 타보았지만 비행기를 타기 전의 내 마음은 항상 설렌다. 또한 비행기에서 친절한 웃음을 띤 승무원들이 건네주는 간식을 먹는 즐거움도 한몫한다.

언젠가 인턴 승무원이 부탁하는 설문지를 작성해주며 피로가 쌓여도 드러낼 수 없는 힘든 직종이기에 웃음 속에는 많은 스트레스가 숨겨져 있을 것이라 여겨 그들의 수고에 감사함도 글로 표현해주었다.

몇 해 전 중국 여행을 끝내고 귀국하는 길에 나는 공항 안에서 탑승 시간을 한 시간이나 앞두고도 놓치는 어이없는 일이 있었다. 우리를 인솔한 여행사 직원이 일행을 다 챙기지 않고 일부만을 데리고 탑승하였기 때문이었다. 나중에 알게 된 일이었지만 뒤늦게 우리 일행 중 절반이 탑승하지 않은 것을 알게 된 여행사 직원은 발을 동동 굴렀지만 이미 비행기의 문이 닫힌 후였다. 한 번 닫힌 문은 열 수 없는 비행기의 원칙으로 비행기는 우리를 남겨두고 떠나버렸고 남은 일행은 여행사로 긴급 연락을 취한 후 온종일 공항에서 기다려 청주공항으로 오지 못하고 인천공항으로 오는 일이 벌어졌다.

이토록 비행기의 원칙은 까다로워 승객이 못 탄 것을 뻔히 알면서도 태우지 못하는데 이미 출발하려는 비행기를 되돌려 사무장을 내려놓은 그녀의 배짱에 놀라움을 금할 수 없다. 게다가 승객들이 들을 정도의 폭언과 폭행까지 있었다니 도저히 이해할 수 없는 횡포에 많은 사람들의 비난을 받고 있다.

이런 행동은 단순한 실수가 아니고 평소 그들의 상습적인 교만에서 오는 일부이며 회사 임직원들을 동원하여 자신의 잘못을 덮으려고까지 했다니 분노를 느끼지 않을 수 없다.

그가 저지른 잘못들이 여러 가지라니 법이 심판하여 벌을 주겠지만 도덕적인 벌은 그가 진정으로 자신의 잘못을 뉘우치지 않는 한 법보다 더 큰 벌을 면할 수가 없을 것이라는 생각을 한다.

이번 일을 계기로 이처럼 교만한 사람들의 행태가 사라지길 바라며 교만함이 물질의 풍요에서만 오는 것은 아닐진대 지식이 많고, 높은 지위에 있다 해서 나보다 못하다고 무시하거나 하찮게 대한 일이 없는지 다 함께 깊이 반성해야겠다.

'땅은 더 이상 내려갈 수 없을 만큼 모든 것 아래에 있습니다. 세상의 모든 사람은 땅을 딛고 살지만 땅의 고마움을 모릅니다. 땅의 겸손함을 배우세요.' 이 말은 평생을 겸손으로 살아가신 고故 김수환 추기경님의《바보가 바보들에게》라는 저서 중 일부이다.

우리 모두 어떤 이들의 수고와 땀 흘림으로 행복을 누리고 있음에 겸손과 감사함으로 한 해를 마무리 했으면 좋겠다.

(충청타임즈)

해바라기와 채송화

10월은 아쉬워하는 내 마음을 모르는 채 이별을 서두르고 있다. 그리움을 안고 다시 만남을 견디기엔 참으로 긴 시간의 인내가 필요하여 헤어짐의 아쉬움은 더욱 안타깝다.

얼마 남지 않은 10월을 곁에 두기 위해 빛깔 고운 단풍 길과 은은한 향기 품은 구절초 산비탈, 지칠 줄 모르며 사랑의 대화를 나누는 코스모스 언덕을 매일 찾는다.

들판의 곡식을 알알이 영글게 하는 따가운 햇살을 안고 논두렁도 거닐고 얼굴 하나 가득 씨알을 품은 해바라기 밭도 기웃거리며 나는 마치 가을 여인이 된다.

파란 가을 하늘에 잘 어울리는 해바라기를 바라보다 어릴 적 우리 집 마당 한구석 작은 화단 가에 심겨진 해바라기와 채송화를 떠올린다.

해바라기는 그 색이 너무도 밝아서 태양의 꽃이라 불리며 꽃말은 숭배, 그리움, 기다림이다. 어릴 적 키가 작은 나는 긴 목으로 담장 밖을 내다볼 수 있는 키 큰 해바라기가 무척 부러웠다. 또한 투명한 잎줄기 끝에서 샛노랗고 짙은 핑크빛 꽃을 피우는 꽃말이 순진, 가련인 채송화가 피어나면 어찌 그리도 예쁘고 귀엽던지….

담장에 탐스럽게 누워 있던 누런 호박과 키 큰 해바라기와 앙증스러운 채송화는 사이좋게 어울려 우리 집을 예쁘게 꾸며주었고 가을의 풍성함을 더해주었다.

꽃들은 크거나 작거나 화려한 색이거나 소박하거나 모두 아름답다. 아마도 욕심을 버리고 비와 햇볕과 바람까지도 골고루 나누며 내면까지도 아름다움으로 가꾸기 때문인 것 같다.

해바라기와 채송화처럼 큰 대조를 이루는 꽃들 중에서 어느 꽃이 더 예쁘고 가치 있는가를 말할 수는 없을 것이다. 두 꽃 다 축복받은 생명을 가지고 이 땅에 태어났고 보호받아야 할 당당한 권리가 있으며 각각의 아름다움을 지니고 있기 때문이다. 꽃들은 크다고 교만하지 않고 작다고 주눅들지 않으며 시기도 욕심도 없다.

사람도 이 세상에 존재의 가치를 공평하게 부여받고 태어났다. 소유의 많고 적음에 따라 가치가 정해지는 것이 아니다.

어느 때부터인지는 모르겠지만 우리 사회에는 '갑질 논란' 과 '감정노동자'란 말이 생겨났다. 가진 자와 높은 자들이 없는 자와 낮은

자에게 저지르는 횡포가 심각하다.

백화점 직원이 조금 불성실한 태도를 보였다 하여 자신의 앞에서 무릎을 꿇렸다는 보도에 가슴이 아프다. 조선시대 신분의 주종 차이로 굴욕을 당했던 비인간적인 역사를 생각나게 한다. 얼마나 큰 죄를 지었기에 무릎을 꿇어야 했을까? 무릎을 꿇지 않으면 자신의 일자리를 잃을 수도 있다는 불안감에 어찌할 수 없던 그들이 측은하다.

그 모습을 지켜보는 부모의 마음은 얼마나 아팠을까? 감정을 억누른 채 육체적, 정신적으로 고통받는 감정노동자들의 스트레스 예를 접하며 자식을 둔 어미로서 너무도 안타깝다.

풍요롭고 아름다운 이 가을, 해바라기와 채송화처럼 크고 작음, 씨앗의 양을 논하지 않고 서로의 존재를 존중해주고 너그러움과 베풂으로 함께 어울려, 외롭고 어려움으로 지친 사람들과 함께 나누었으면 좋겠다.

(충청타임즈)

패자에게도 박수를

세계인의 이목을 집중시킨 지구촌 최대 축제 2014 국제축구연맹(FIFA) 브라질 월드컵이 한 달간의 열전에 마침표를 찍었다.

전쟁도 멈추게 한다는 말이 나돌 정도로 세계인들의 관심 속에 치러진 브라질 월드컵은 주최국뿐 아니라 축구를 사랑하는 세계인들을 열광케 하였다.

나는 체육에는 전여 소질이 없는 사람이지만 축구 경기에 흥미가 있어 이번 브라질 월드컵 경기를 은근히 기다렸다. 주로 새벽 시간에 이루어져 잠을 설쳤지만 경기에 푹 빠져 졸음도 쫓을 수 있었다.

비록 우리나라가 16강 진출에 실패하여 아쉬움이 컸지만 나는 결승을 치르는 마지막 경기까지 거의 빼지 않고 시청하였다.

우리나라의 경기가 있던 날에는 긴장 속에서 마음을 졸이며 시청을 하였지만 다른 나라의 경기들은 그 어느 팀이든 골을 넣는 기쁨을 함께하였다.

성공하면 영웅, 실패하면 국가적 역적이 되는 승부차기는 우리 선수가 아닌데도 지켜보기가 너무도 안타까웠으며, 고의는 아니겠지만 상대편의 공을 뺏기 위해 발을 걸어 넘어뜨리고, 머리를 박아 피를 흘리게 하고, 심지어는 어깨를 물어뜯는 경기를 시청할 때는 안타깝기 그지없었다.

그라운드의 선수들은 90분을 넘어 연장전까지 120분을 사력을 다하여 뛰며 승리를 위해 최선을 다한다. 그러나 모든 경기가 승자와 패자로 결과를 내야 하기에 환호와 좌절로 끝날 수밖에 없어 항상 경기가 끝난 후엔 아쉬움이 남는다.

독일은 결승전에서 만난 아르헨티나를 1-0으로 이기고 24년 만에 월드컵 우승컵을 들어올렸다. 이로써 독일은 지난 1990년 이탈리아월드컵 이후 24년 만에 우승을 차지하는 기쁨을 누리며 남미 대륙에서 열린 월드컵에서 사상 처음으로 우승컵을 들어올린 유럽 팀이 되는 새 역사를 썼다.

우리 대표팀이 16강의 꿈을 접어야 했던 벨기에와의 경기가 끝나고 한동안 마음이 허전하였지만 나는 최선을 다한 우리 감독과 선수들에게 혼잣말로 위로의 말을 보냈다.

그동안 수고했노라고….

연장전까지 가는 결승전에서 우승컵을 거머쥐려고 사력을 다하는 양측 선수들을 보며 '운동 경기에서는 2등도 패자'라는 경기 해설자의 말이 아직도 귓전을 울린다. 그러나 나는 그 말을 바꾸어 말하고 싶다.

경기에서 최선을 다한 선수는 모두가 승자라고….

찢어져 피가 흐르는 얼굴을 응급처치만 하고 경기장으로 달려들어와 온 힘을 다해 끝까지 뛰는 선수, 다친 다리를 절룩거리며 아픔을 참고 달리는 선수, 척추 뼈를 크게 다쳐 뛰지 못하고 아픔을 참으며 놀라운 정신력으로 벤치에 앉아 안타까이 지켜보는 선수들을 어찌 패자라고 하겠는가.

월드컵을 위해 그동안 피땀을 흘렸을 승자에게도 패자에게도 모두 수고의 박수를 보내주고 싶다.

우리 대표 선수들이 입국하던 날, 그들의 표정은 어둡고 허탈해 보였다. 감독이 경질되고 선수들에 대한 비난이 쏟아짐에 모성母性을 자극하여 마음이 아팠다.

물론 좋은 결과를 기대했지만 외국에 비해 결코 여건이 좋지 못한 우리 선수들의 현실도 감안을 하고, 앞으로 선수들을 위한 지원을 늘리고 더욱 관심을 기울여 2018년 러시아 월드컵 준비에 박차를 가할 수 있도록 위로와 격려를 보내야 하지 않을까?

(충청타임즈)

삼고三苦

가을이 물들기 시작한 9월의 중순, 아침저녁엔 제법 서늘한 기운이 감돌고 성급하게 단풍 소식도 들려와 마음을 설레게 한다.

예년 같으면 추석 준비에 분주할 시기이지만 금년엔 일지감치 추석을 지낸 탓에 한가로운 가을을 맞고 있다.

대풍이라 들녘을 바라보면 마음이 넉넉하지만 피땀 흘려 농사를 지은 분들이 수입농산물의 개방으로 풍요 속에 허전함을 느끼는 모습을 보며 농촌에서 자라 그 힘겨움을 알기에 나도 마음이 편치 않다.

하루가 다르게 변해가는 가로수의 잎을 바라보면서 빠르게 지나갈 가을 뒤에 찾아올 겨울 생각에 또 한 살을 먹는다는 초조함이 일고 있다.

며칠 전 순교자 현양비顯揚碑를 참배하기 위해 중앙공원을 찾았다.

성급하게 떨어진 노랗게 익은 은행이 파란 하늘과 함께 가을을 안겨준다.

가끔 공원에 들러 순교한 분들을 위해 기도를 마치고 나면 마음이 숙연해지고, 공원에 모여든 노인들을 보면 왠지 안쓰러운 생각이 든다.

그곳을 찾는 분들은 계절에 관계없이 윷을 놀거나 삼삼오오 모여 담소를 나누고 있다. 함께 놀이를 할 수 있고 이야기를 나눌 수 있는 분들의 모습은 그래도 쓸쓸해 보이지는 않지만 벤치에 홀로 앉아 지나가는 행인을 바라보거나 공원을 배회하는 노인들의 모습은 너무도 외로워 보여 내 마음도 우울하다.

노인을 위한 시설이 늘어나고 각종 프로그램이 운영되고 있지만 아직은 부족함을 느끼고 시설 이용 방법에 대한 홍보와 안내가 좀 더 강화되어 많은 분들이 함께 참여하여 즐길 수 있었으면 좋겠다.

대가족이 함께 모여 시끌벅적 대던 우리나라의 가족제도가 언제부터인가 핵가족화 되면서부터 자식들 키우고 가르쳐서 짝지어 내보내고 노년엔 친구가 서로 곁을 지켜주며 쓸쓸함을 달래준다.

인생살이엔 희로애락이 뒤따른다. 사는 동안 즐거운 일과 기쁜 일보다는 슬프고 힘든 삶을 산 사람이 더 많으리라 생각한다. 젊었을 때 고생한 보람을 노년에는 행복하게 보낼 수 있다면 좋겠지만 힘든 삶을 사는 사람도 많이 볼 수 있다.

노인들 사이엔 인생 3고苦에 대한 이야기가 유행어처럼 떠돈다.

질병의 고통苦痛, 외로움의 고통苦痛, 경제적인 고통苦痛이다.

점점 노령 인구가 늘어가고 수명이 연장되는 시점에서 나름대로 건강을 지키기 위해 노력하지만 생로병사는 어쩔 수 없으니 몸이 아픈 게 고통이고, 취미생활도 하고 친구와 어울리기도 하지만 여전히 나이 듦에 허전한 외로움의 고통이다. 또한 경제적인 어려움으로 큰 고통을 겪는 분들도 많이 있다.

아픔의 고통과 경제적인 고통보다 더 참기 힘든 외로움의 고통은 누구의 도움보다 자신의 노력이 필요하다.

'나이가 들면 돈을 세지 말고 친구를 세라.'고 했다.

이제 나도 70을 향하고 있으니 3고三苦를 초연하게 받아들이며 아픔도 외로움도 털어놓고 다정한 이야기를 나눌 수 있는 친구와 더불어 지내고, 자식에게 짐이 되지 않기 위해 건강하게 살다 갈 수 있도록 자신을 관리하며, 순리의 삶을 받아들이는 긍정의 자세로 아름다운 마무리를 할 수 있도록 친구와 함께 가을을 맞으러 숲으로 향한다.

(충청타임즈)

지팡이

지팡이는 힘든 길을 갈 때 의지의 수단이 될 수 있어 다리가 불편하신 분들이나 힘이 없는 분들이 많이 사용한다.

옛날에는 주로 나무를 곱게 깎아서 만들어 들고 다녔지만 지금은 기계화로 티타늄, 알루미늄, 카본 등의 금속에 모양도 예쁘고 편리성을 더하여 아주 가볍게 만들어졌다.

등이 굽은 할아버지 할머니들이 허리를 굽혀 집고 다니는 모습을 연상케 하던 지팡이가 아니라 용도도 달라져 스틱이란 이름으로 오히려 등산을 할 때 남녀노소가 으레 가지고 다니며 안전을 도모하고 힘을 덜 들게 하는 도구가 되었다.

스틱을 들고 다니면 힘을 20-30% 는 절약시켜 준다 하니 산을 좋아하는 사람들에게는 필수적인 도구가 아닐 수 없다.

남편은 얼마 전부터 내게 지팡이를 살 것을 권했다. 아직은 지팡이를 짚지 않고도 산을 오를 수 있다고 고집을 부렸는데 쇼핑을 함께 하러 간 날 지팡이 한 쌍을 사서 내게 주어 별로 달갑지 않게 지팡이를 받았다.

눈이 살짝 산야를 덮은 겨울 어느 날 지팡이를 들려주며 구룡산에 가자는 남편을 따라 함께 산을 오르는 데 양쪽 손에 들려준 지팡이가 거추장스럽고 할머니가 된 것 같아 오히려 불편한 것 같았다. 그런데 산에 올라 갈수록 의지가 되고 혹시 넘어져서 다치면 골절이 될까 걱정이 되었는데 지팡이를 양손에 들고 오르니 마음이 안정되어 편안하게 오를 수 있었다.

골다공증이 일찍 와서 산을 오를 때마다 무척 조심을 하며 걱정이 되었는데 자신이 생겨 꼭 가지고 다녀야겠다는 생각까지 했다. 옆에서 걷던 남편도 행여 넘어질까 걱정하는 마음이 덜어진 것 같아 은근히 잘했다는 생각을 하는 듯했다.

언젠가 지리산을 등반하다 넘어져 팔목 골절로 나를 대신하여 집안일을 하느라 무척 고생을 했기에 더욱 그런 것 같았다. 이제 나이 들어 넘어져 다치면 큰일이기에 더욱 조심을 하는데 지팡이는 내게 큰 힘이 될 것이다.

젊었을 때의 자신감과 자만심은 나이 들면 차츰 줄어든다. 산을 내려오면서 홀로 무엇이든 잘할 수 있다는 이기심에서 이제는 누군가에게 의지하고 도움을 받아야 살 수 있는 나이가 되었으며 나도 누군가를 위해 힘이 되는 지팡이 같은 사람이 되어야겠다는 생각을 했다.

남편이 내게 지팡이를 내밀며 걱정해주듯 나도 남편을 위한 마음의 지팡이가 되어 그가 힘들 때 힘이 되어주고 그에게 위로가 필요할 때 의지가 될 수 있는 넉넉한 마음을 준비하리라.

직장을 핑계로 어머니를 집에 모시지 못하고 요양원에 모셨을 때 열심히 간호를 해주던 요양사들의 얼굴이 떠오른다. 항상 친절한 말씨와 웃음으로 어머니를 깨끗하게 해드리고 아기처럼 돌봐주던 그분들은 우리 어머니가 믿고 의지하시며 편안하게 생을 마감하는 날까지 든든한 지팡이가 되어 주었다.

진심으로 다시 한 번 그 분들에게 감사의 마음을 전하며 나도 지팡이가 필요한 사람에게 나를 내밀어 도움을 줄 수 있는 일이 무엇인가 열심히 찾아보고 실천해 보리라.

민중의 지팡이란 말이 자꾸 되뇌어지는 지팡이 한 쌍이 나를 향해 웃는다.

(충청타임즈)

5

내 손을 잡아요

손을 잡은 노부부에겐 미움과 원망과 헤어짐이 없을 것이다. 사랑이 흐르고 한 마음이 되어 노년을 함께하여 어려움을 헤쳐 나갈 수 있는 힘이 솟을 것이다.

내 손을 잡아요

'몸이 천 냥이면 눈은 구백 냥'이라는 말이 있다. 우리의 몸에서 중요하지 않은 부분은 없지만 특히 눈은 우리가 살아가는 데 아주 중요한 역할을 한다는 말일 것이다.

나는 어려서부터 눈이 보이지 않으면 얼마나 괴로울까? 하는 걱정을 늘 해왔고, 지금도 그것에 대한 두려움이 가장 크다. 다행히 부모님께서 건강한 눈을 물려주셔서 계절에 따라 변하는 아름다운 세상을 마음껏 보고, 사랑하는 사람들을 볼 수 있음에 늘 감사하고 다행이라 생각한다.

아마 이토록 눈에 대한 두려움을 가지게 된 것은 어릴 적 어머니의 친구 분이 녹내장으로 앞을 못 보는 불행을 겪는 것을 보고 어린 마음에 충격을 받은 때문인 것 같다.

올 여름은 유난히 길고 더워 집에서 텔레비전을 보는 시간이 많았다. 텔레비전 프로 중 〈인간극장〉을 즐겨보는데 가슴 아픈 삶을 사는 사람들을 보며 힘들다고 투정을 부리는 내가 얼마나 어리석고 염치가 없는 사람인가 스스로에게 면박을 주기도 한다.

서른아홉 살의 젊은 나이에 실명이 된 아내의 손을 잡고 마라톤을 하는 훌륭한 부부의 이야기를 눈물겹게 보며 안타까움과 존경을 금할 수가 없었다.

베테랑 정비사인 남편은 앞이 보이지 않는 아내의 손을 잡고 전남 해남에서 출발하여 강원 고성까지 장장 622㎞의 거리를 150시간이나 달리는 울트라 마라톤에 참가하였다. 거리에 누워 잠을 자고, 컵라면이나 죽으로 끼니를 때우면서도 포기하지 않고 완주를 하여 많은 사람들의 박수를 받았다.

달리는 동안 부부의 발은 부르터 피가 나고, 심한 물집이 생겨 물집을 터뜨리면서도 서로 위로하고, 심지어 남편은 허리통증으로 고생하면서도 아내의 손을 놓지 않고 힘겹게 달리는 아름다운 모습에 나는 계속 눈시울을 붉혔다. 그들의 완주에는 사랑하는 가족들이 함께 했고 친구의 도움도 컸다. 마라톤에서 완주하여 받은 벽에 걸린 수많은 메달은 손을 잡고 달린 그들의 노력과 사랑이 배어 있어 내 눈시울을 뜨겁게 했으며 나는 힘찬 박수와 격려를 보냈다.

가슴과 등에 써 붙인 '여보, 내 손을 잡아요.' , '잡은 손 놓지 않아요.'라는 그들의 구호는 아름다운 부부의 감동적인 모습을 보여 주었고 삶이 조금 힘들 때마다 불평하고 남편을 미워했던 나 자신을 부끄럽게 했다.

사랑이라는 이름으로 쉽게 결혼하고, 조금이라도 의견이 맞지 않거나 힘들면 쉽게 이혼을 생각하는 부부들에게 잔잔한 흔들림이 되었으면 좋겠다.

결혼의 서약을 잊은 채 서로 미워하며 잡았던 손을 놓고 쉽게 헤어지는 사람들이 많은 요즘, 빛을 잃은 아내의 손을 잡고 눈이 되어주고, 삶의 기쁨과 희망을 주기 위해 희생하는 부부의 모습은 우리들에게 진정한 사랑이 무엇인가를 보여준다.

두 손을 꼭 잡고 산책을 하는 노부부의 다정한 모습은 그림처럼 아름답다. 손을 잡은 노부부에겐 미움과 원망과 헤어짐이 없을 것이다. 사랑이 흐르고 한 마음이 되어 노년을 함께하여 어려움을 헤쳐 나갈 수 있는 힘이 솟을 것이다. 반면에 황혼의 나이에도 잡았던 손을 놓고 이혼하는 사람들이 급증하고 있다. 성격 차이, 경제적인 이유보다 서로에 대한 배려와 이기심이 가장 큰 이유인 것 같다.

주변에 부부가 잡았던 손을 뿌리치고 헤어져 쓸쓸한 노후를 보내는 모습이 안타깝게 보이지만 삶의 방식과 행복의 기준은 다른 것이리라.

부부란 건강하고 행복할 때보다, 병들고 불행한 일이 있을 때에 더욱 서로에게 필요한 존재들이다. 이제 우리 부부도 나이 들다 보니 점점 마음도 외롭고, 몸이 자주 아플 때가 있다. 몸과 마음이 아프고 외로울 때 남편의 진심 어린 위로와 사랑은 병을 낫게 하고 상처를 치료해준다. 즐거울 때나 괴로울 때나 다정히 손잡고 함께 걸어준 인생의 동반자인 남편을 위해 더욱 사랑스런 아내가 되리라 다짐한다.

앞을 볼 수 없지만 명랑하고 긍정적인 삶을 사는 아내를 위해 손을 잡고 함께 인생길을 달리는 마라톤 부부에게 힘찬 응원을 보낸다. 그리고 그들 부부가 행복한 삶을 살도록 하느님께서 특별한 은총을 주시길 기도한다.

나는 늘 남편의 손을 잡고 살았기에 혼자가 두렵다. 황금빛 노을이 더욱 붉게 물든 숲 속의 아름다운 노부부의 그림처럼 남편의 손을 잡고 서로 의지하며 남은 날을 살고 싶다.

삶이 힘든 부부들에게 '삶은 손잡고 함께 어려움을 이겨내는 것'이라는 말을 전하고 싶다.

(충청타임즈)

월급고개

일제 강점기와 8 · 15 해방 뒤부터 1950년대까지 우리나라는 연례 행사처럼 찾아오는 보릿고개 때문에 농민들이 큰 어려움을 겪었다.

6 · 25 전쟁이 나기 전 해에 태어난 나도 보릿고개를 겪었다. 추수 때 거둔 농작물 가운데 소작료, 빚 이자, 세금 등을 떼고 남은 식량을 가지고 초여름 보리수확 때까지 견뎌야 했기에 5~6월경이 되면 풀뿌리나 나무껍질로 끼니를 때우거나 걸식과 빚으로 연명하며 유랑민이 되어 떠돌아다니는 사람도 있었다. 하여 사람들은 보릿고개를 태산보다 높다고 하였으니 얼마나 식량사정이 어려웠던가를 알 수 있다.

어린 시절, 점심은 감자나 수제비로 때우는 날이 많았고 저녁이면 집에서 농사지은 밀가루로 거무스름한 국수를 먹는 날이 많았었다.

다행히 우리 집은 때를 건너는 일은 없었지만 옆집에 살던 친구네는 양식이 떨어져 밀기울을 쪄서 끼니를 때우는 걸 가끔 보았다. 어린 마음에도 식사를 건네는 친구가 안쓰러웠지만 우리 집 형편도 넉넉한 게 아니어서 친구를 자주 데려오기 눈치가 보여 마음이 아팠다. 점심시간이면 도시락을 가져오지 못해 운동장 가의 펌프의 물로 배고픔을 달래는 영화의 한 장면이 내 주변에 있던 친구의 딱한 모습이기도 하였다.

허리띠를 졸라매고 온갖 고생을 겪은 부모님들 덕분에 차츰 형편이 나아져 굶지 않고 보리밥이라도 넉넉히 먹을 수 있게 되었고, 새마을 운동 바람이 일어 차츰 농촌이 살아나 그렇게도 먹고 싶었던 쌀밥을 마음껏 먹을 수 있고 삶의 질도 향상이 되었다.

이젠 급속도로 성장한 경제로 하얀 쌀밥을 그리워하는 대신 보리밥을 찾는 사람들이 늘 정도로 먹는 걱정은 하지 않지만 홍수처럼 밀려오는 정보화시대에 적응하기 위해 배워야 하고 문화생활을 통해 즐겨야 하는 세대이다 보니 옛날보다 더 많은 돈이 필요하다.

그러나 급속도로 성장하던 경제가 위기의 IMF를 겪게 되었고 그 늪에서 채 벗어나지도 못한 채 다시 경제 위기에 처하게 되었다.

고공 행진하는 유가로 석유 한 방울 나지 않는 우리나라는 자가용의 홀짝제를 서두를 만큼 경제가 심각하고, 하늘로 치솟는 물가와 고금리로 인하여 대출을 받은 가계가 위협을 받고 있으며, 청년실업률이 높아져 대학을 졸업해도 갈 곳을 잃은 우리들의 아들딸들이 좌절하고 있다.

그나마 직장을 다니며 월급을 받는 가장들은 보릿고개를 능가하는 월급고개로 어깨가 처져 있고 한숨을 쉬고 있다.

월급날이 아직 한참 남았는데 잔고가 없어 다음 월급을 기다리는 월급고개는 직장인 10명 중 6명이 겪고 있으며 월급을 받은 지 15일이 지나면 시작된다고 한다. 보릿고개가 오직 식량을 위한 어려움이었다면 요즈음은 아마도 육아와 교육문제로 큰 어려움을 겪으리라 생각된다.

어떤 이는 '사랑하는 아들이 다니는 학교와 학원에서 우리 집의 생활비를 수거해간다.'고 표현할 정도로 교육비가 심각한 것 같다. 자식을 사랑하는 부모의 마음이 같을 진대 부족한 생활비와 자식의 교육 때문에 고뇌하는 부모의 마음을 엿볼 수 있다.

어려서 보릿고개를 넘긴 나는 결혼 후에도 월급 고개를 넘느라 많은 고생을 했다. 집을 마련하느라 진 빚을 갚기 위해 가족들 모두 변변한 옷 한 가지를 못해 입고 절약하며 살았다. 아이가 셋이나 되어 교육비도 만만치 않았고 남편이 장남이다 보니 집안에 여러 차례 큰일도 있어 미리 돈을 앞당겨 쓰게 되어 월급고개를 넘기느라 힘이 들었다. 다행히 남편도 절약이 몸에 밴 사람이어서 힘들 때 서로 격려하고 위로하며 어려움을 이겨낼 수 있었다.

우리 부부는 가끔씩 옛날 고생했던 이야기를 한다. 비록 빚을 안고 샀지만 처음 집을 장만하여 손수 페인트 통을 들고 집수리를 하며 흐뭇했던 이야기, 새벽 찬 공기를 가르며 남편의 허리를 잡고 오토바이를 타고 출퇴근을 하던 이야기, 적금을 탄 돈으로 가전제품을 마련했을 때의 기쁨을 회상하며 고생스러웠지만 되돌아보니 아름다운 추억으로 여겨진다.

부모로부터 많은 유산을 물려받은 사람은 편안한 인생을 살아서 좋겠지만 열심히 살면서 내 손으로 집 장만하고 살림살이 장만하는 기쁨이야말로 그 무엇에 비할 바 아니다.

늘 하느님께 기도하는 삶이지만 한 번도 부자가 되게 해달라는 기도는 하지 않았다. 다만 가족의 건강과 우리 가족 모두 성실한 삶을 살게 해달라고 기도할 뿐이다.

42년 동안 직장생활을 하며 고생도 많았지만 결코 그 시간들을 후회하지 않으며 지금 어렵게 월급고개를 넘으며 고생하는 분들에게 젊은 시절의 고생은 힘든 것만이 아니라 훗날 큰 기쁨을 주기도 한다는 말을 하고 싶다.

우리 조상님들이 보릿고개를 잘 넘겨 오늘에 이른 것처럼 지금의 어려움을 극복하면 반드시 기쁨의 날이 오리라는 기대를 가지고

'월급고개에 의기소침한 모든 분들이여, 움츠린 어깨를 펴고 미래를 향해 힘을 내세요.'라는 격려의 메시지를 전하고 싶다.

(동양일보)

불안한 먹거리

추수를 끝낸 텅 빈 들판을 바라보는 허전함을 덜어주는 것은 넉넉한 푸른 배추밭이다. 배추는 작은 씨앗으로 떨어져 한 잎 한 잎 사이좋게 손잡고 자라다 단단하게 동여맨 아늑한 집에서 노란 고갱이를 만들어 우리들의 겨울 식탁을 풍성하게 해준다.

이맘때면 주부들은 김장 걱정으로 마음이 바쁘다. 나도 올해에는 둘째가 결혼을 하여 새 식구가 늘었으니 지난해보다 조금 더 김장 준비를 해야겠고, 지난해 담근 김치가 맛이 별로 없었기에 좀 더 다른 재료를 써야겠다는 생각에 마음이 편하지 않다.

김장을 앞두고 모 방송국의 프로그램 먹거리 X 파일에서 MSG와 합성감미료로 범벅된 새우젓을 만드는 과정을 보고 놀라움을 금치 못하였다. 저렴한 중국산 새우젓을 사다가 국산으로 둔갑하는 과정에서 정말 못 볼 것을 보게 되었다. 새우젓은 지인을 통해 미리 사다 놓았는데 김장을 할 때 그 새우젓을 안심하고 써도 되는지 걱정이 앞섰다.

김장의 대표 젓갈인 새우젓은 우리나라 대부분의 주부들이 사용한다고 해도 과언이 아닐진대 바꿈질한 젓갈은 전문가가 아니면 쉽게 구별할 수 없다니 소비자만 골탕을 먹을 수밖에 없는 기막힌 일이다.

김치 맛은 소금이 좌우될 만큼 중요하기에 좋은 소금을 사기 위해 염전이 있는 곳까지 갔지만 믿음이 가지 않았다. 중국산 소금을 사다 염전에 뿌려 섞는다는 소문도 있으니 어찌 믿음이 가랴. 국산 100%라는 주인의 말이 그저 헛소리로 들렸지만 값이 비싼 것으로 결정을 하고 꺼림칙한 마음으로 소금을 사왔다.

며칠 후 무게를 늘리기 위해 양잿물에 해삼을 불린 일명 '양잿물 해삼'에 대한 방송을 시청할 때는 분노를 느꼈다. 양잿물의 위험성을 알면서도 자신들의 이익을 위해 못된 짓을 하는 모습을 방영할 때 혹시 그들도 보았다면 마음이 어떠했을까? 만약 자신들이 저지른 모습을 보았다면 다시는 그런 나쁜 짓을 하지 않으리라 믿고 싶다.

아무리 주부들이 신선한 음식 재료를 사용하여 가족의 건강을 챙기고 싶어도 장난치는 상인들 때문에 불안하지만 안 사먹을 수 없고, 또 외식문화의 발달로 엉터리로 유통된 음식을 피할 수 없으니 이젠 불안하기까지 하다.

김치도 소비량에 비해 국내 생산은 턱없이 부족해 중국에서 배추,

절임배추, 김치 등의 형태로 수입이 불가피한 상황이라 한다.
그러나 포르말린을 뿌린 중국산 배추 유통 현장이 발각되면서 소비자들을 놀라게 했다.

수확한 배추를 보관할 냉동 창고가 없어 포르말린을 뿌려 보관해 유통했다고 한다. 포르말린이란 우리나라에서는 1급 발암물질로 규정되어 있어 식품에는 사용을 금하는 물질이라니 놀랍지 않을 수 없다. 혹여 그 배추를 이용한 김치가 우리나라에 들어오지는 않았을까 걱정이다.

양심적인 상인들에겐 죄송하지만 자신의 이익을 위해 사람들의 생명을 유지하는 먹거리를 가지고 더 이상 나쁜 짓을 하지 말라고 간곡한 부탁을 하고 싶다.

김치는 양식이 부족하던 옛날, 겨울철의 양식을 보태는 데 한 몫을 한 중요한 먹거리였고 지금도 우리의 식탁에서 빼 놓을 수 없는 귀한 대접을 받고 있다. 김장철을 앞두고 불안한 김장 재료들이 유통되어 걱정이 앞서는 이때 주부들의 지혜를 발휘하여 가족이 안심하고 먹을 수 있는 김장을 할 수 있기를 바라지만 불안을 떨쳐버릴 수 없다.

(충청타임즈)

말言

어릴 적 내 꿈은 아나운서였다. 부모님께서 좋은 목소리를 물려 주셔서 초등학교 시절에 담임선생님께서 써주신 시나리오를 보며 운동회 방송을 맡았다. 중고등학교 시절 국어 시간에는 선생님으로부터 책 읽는 목소리가 예쁘고 유창하다는 칭찬도 들었으니 뉴스를 진행하는 모습을 그려보는 내 꿈은 더 간절했는지도 모른다.

그러나 그 꿈을 이루지 못하고 교사가 되었기에 아나운서는 되지 못했지만 아이들을 지도하는 교사로서 나의 목소리는 크게 도움이 되었다.

말은 우리가 살아가는 데 중요한 역할을 한다. 자신의 의사를 표현하고 상대방과의 소통으로 이해하고 협력하는 가운데 삶이 지속되고 한나라의 역사를 이루어 내는 데도 큰 몫을 차지한다.

태어나 두 살이 되기 전부터 말을 배우기 시작하여 죽을 때까지 자유 의지로 의사 표현을 할 수 있고 상호 대화를 나눌 수 있음은 행복한 일이지만 자신이 한 말에는 책임이 뒤따른다. 무책임하게 한 말이 자신뿐 아니라 다른 이의 마음을 아프게 할 수도 있고 불행에 빠뜨릴 수도 있다.

"말 한마디로 천 냥 빚을 갚는다."라는 옛말처럼 말 한마디가 한 사람을 어려움에서 살릴 수도 있으니 말은 쉬우면서도 어려운 것이다. 그래서 때로는 말 보다 침묵이 더 나을 때도 있다.

사람의 얼굴 모습이 다른 것처럼 목소리나 말투가 모두 다르다. 목소리가 너무 커서 부담이 되는 사람, 너무 작아서 답답한 사람, 너무 빠른 사람, 느린 사람 등 각기 개성이 있어 말을 통하여 그 사람의 성격이나 성품 등을 어느 정도 알 수 있다.

요즘 대선을 앞두고 TV 토론을 진지하게 시청하였다. 토론자들은 박사, 평론가. 정치가, 여론조사기관의 대표 등 말 솜씨가 능숙하고 지식과 상식이 풍부한 사람들이어서 자신감이 넘치고 주장이 강하며 논리적인 토론을 하였다. 그러나 토론자의 말에서 느껴지는 분위기는 다양했다.

나는 토론의 내용도 재미있게 보았지만 토론자의 말투에도 관심을 두고 보았는데 어느 분의 말 속에는 진정성이 느껴졌고, 어느 분에게서는 상대방의 가슴을 찌르는 가시가 있음을 느끼며, 말에 군더더기가 붙어 답답함을 느끼게 하는 분도 있었고, 차분하고 부드러워 마음이 편한 분도 있었다. 때로는 남의 말에 자주 끼어들어 흐름을 깨고 자기주장만 내세우려는 분도 있어 마음이 언짢기도 하였다.

토론 모습을 지켜보며 '어' 다르고 '아' 다르다는 말처럼 말투는 그 사람의 성격과 인품을 좌우할 만큼 중요하다는 것을 다시 한 번 생각하는 계기가 되었다.

내 말투는 온화하고 부드럽기보다는 날카롭고 빠른 편이다. 아무래도 성격이 급하고 까다롭다보니 말투가 그리 굳어진 것 같다. 고운 목소리를 가졌지만 사람들의 마음을 편하게 하지는 못했다는 자평을 하며 내 말투로 인하여 혹시 다른 이의 마음에 상처를 준 적은 없었는지 되돌아보았다.

이제부터라도 아나운서나 토론자들의 달변처럼 능숙한 말솜씨보다 듣는 사람에게 신뢰를 주는 말, 즐겁게 해주는 말을 해야겠다.

인자함이 배어 있어 편하고 따뜻함을 줄 수 있는 말투가 몸에 배도록 먼저 항상 함께하는 가족에게 다정하고 아름다운 미소로 말하는 습관부터 길러야겠다.

(충청타임즈)

잔치를 끝내고

70억 지구인들의 잔치인 런던 올림픽이 17일의 대장정을 마치고 화려한 폐막을 했다.

유난히 더운 여름 나는 불운하게도 왼손 엄지손가락에 이상이 생겨 수술을 하고 붕대를 잔뜩 감는 고통을 겪게 되었다. 시원한 계곡과 바다에서 피서를 즐기는 이들이 그 어느 때보다 부러운 마음으로 그야말로 방콕을 하게 되었는데 다행히 올림픽의 볼거리들이 위안이 되어 주야로 TV를 눈에서 떼어놓지 않았다.

시간을 다투는 시합에서는 마음을 졸이고 응원을 하였고 심판의 불공정 판정에는 분노하였으며 메달을 딴 선수들이 눈물을 흘릴 때에는 나도 함께 눈물을 흘리며 함께 기뻐하였다.

경기를 보는 즐거움도 있었지만 선수들의 아픈 이야기를 들을 때엔 가슴이 찡하였다.

가정형편이 어려워 비닐하우스에 사는 부모님에 대한 안타까움을 토로하던 유도선수는 금메달을 따면 부모님의 집을 지어드리겠다는 효도의 말로 우리를 또 한 번 감동시켰다. 부모의 재산을 욕심내어 갖은 나쁜 방법으로 부모를 위해危害하는 일까지 벌어지는 무서운 젊은이들에게 경종을 울려주는 아름다운 이야기인 것 같다.

전부터 축구경기를 보는 일에 흥미가 있었기에 이번 올림픽 예선 때부터 치러진 축구 경기를 한 번도 빼지 않고 보았던 나는 축구 경기가 있기 전 며칠 전부터 가슴이 설레고 기분이 좋았다. 대부분의 경기가 시차가 다른 관계로 자정을 넘어 이루어졌지만 잠이 많지 않은 나는 밤을 새워가며 경기를 지켜보아 가족들에게 쓴소리를 듣기도 했다.

자국의 유리한 점을 안고 치러진 영국과의 경기에서 승부차기를 할 땐 가슴이 졸아들었다. 영국의 4번째 골을 우리의 선수가 막아낼 때 남편과 나는 새벽임을 잊고 손뼉과 함께 소리를 질러 아들의 잠을 깨웠으며 금메달을 노리는 남미의 최강 브라질과의 경기에선 안타까움을 금할 수 없었고 밥맛도 잃었다.

결국 결승에 실패하고 영원한 숙적인 일본과 동메달을 건 경기가 이루어지던 날, 침대에 누워서 보던 다른 경기와 달리 앉은 자세로 경기를 보며 가슴을 졸였다. 드디어 시원한 첫 골이 터지고 이어서 청주의 출신 선수가 두 번째 골을 터뜨릴 때 눈물을 흘렸으며 목이 메었다.

과거 36년 동안 우리 조상님들이 주권을 빼앗기고 당한 억울함은 일본의 어떤 사과와 보상에도 용서가 되지 않는 슬픈 역사인데 아직도 일본은 용서는커녕 엄연한 우리 땅을 자기네 땅이라 우기는 파렴치한 행동을 하고 있다. 강제징용으로 얼마나 많은 우리의 조상님들에게 잔인한 짓을 했으며 꽃다운 청춘을 위안부로 끌고 가 한 생애를 비참하게 살도록 못된 짓을 하고도 진정한 사과와 보상을 회피하고 있다.

우리의 대통령이 독도를 방문한다 하여 일본이 발끈하는 일은 정말 코웃음이 나온다. 내 나라를 방문하는데 저들이 발끈할 이유가 없으며 자기 땅이니 편을 들어 달라고 국제사법재판소에 제소를 한다니 가소로워 대꾸를 않겠다는 우리의 태도는 당연한 일이다.

얼마 전 시내버스 승강장에서 중년의 여인으로부터 '안녕하세요.' 라는 인사를 받고 당황한 적이 있다. 수수한 차림이었지만 교양 있는 태도의 여인은 당황한 나에게 자신은 일본인이라고 말을 건넸다. 그리고 나에게 '미안합니다.' 라는 말을 했다. 말은 좀 어눌했지만 과거 조상들이 우리나라에 저지른 만행에 대한 사과라고 생각했다. 진심 어린 사과였는지 아니면 한국생활을 편하게 하기 위한 얄팍한 술수였는지는 모르겠지만 잘못을 인정하는 그에게 냉정한 태도를 보일 수 없었기에 "그러게요. 가슴 아픈 역사이지요."라고 한 뒤 그가 묻는 행선지를 친절하게 가르쳐 주었다. 이 여인처럼 진정으로 일본이 자신들의 잘못을 인정하고 진심 어린 사과와 피해 보상이 있기 전 일본과의 문제는 쉽게 풀 수 없는 심각한 과제이다.

기쁨에 넘쳐 관중이 넘겨준 '독도는 우리 땅' 피켓을 들었던 우리의 선수가 시상식에서 메달을 걸지도 못한 채 쓸쓸히 귀국하는 슬픔을 겪게 되는 씁쓸함을 남긴 채 잔치는 끝났다.

올림픽 참가 사상 5위라는 빛나는 상장을 들고 온 대회에 참가했던 모든 우리선수들에게 힘찬 박수를 보내며 아직도 내 왼손은 붕대에 싸여 아직 기승을 부리는 폭염을 어떻게 보낼까 시름에 잠기지만 승리의 함성으로 마음을 달랜다.

(충청타임즈)

내 나이가 어때서

"내 나이가 어때서 사랑하기 딱 좋은 나인데…."

요즘 연세 드신 분들이 즐겨 부르는 노래이다. 특히 노래방이나 고속도로 휴게소에서 가장 많이 들을 수 있는 노래로 그 인기가 대단하다.

물론 젊은이들에게는 전혀 느낌이 오지 않겠지만 인생의 황혼기를 맞은 분들에겐 희망을 줄 수 있는 가사의 노래라서 나도 그 가사를 음미하여 자주 흥얼거리는 노래이다.

나는 이 가사에서 사랑의 의미를 남녀 간의 사랑으로만 해석하지 않고 우리의 인생행로에서 겪는 모든 기쁨과 즐거움을 사랑이라 표현하고 싶다.

이성간의 사랑뿐만 아니라 자녀사랑, 친구사랑, 직장사랑, 이웃사랑, 일에 대한 사랑, 세상의 모든 사랑이 식어갈 나이에 사랑이 살아난다면 진정 삶의 의욕이 생기고 죽음을 맞는 그날까지 행복할 것이다.

어느 날 우연히 거울 속에 비쳐진 자신의 모습에서 지나온 세월의 흔적을 바라보며 서글퍼하고 덧없는 세월을 원망하기보다는 남은 생을 멋지게 살아보겠다는 새로운 의지가 생겼다면 얼마나 희망적인 이야기인가!

이제 우리나라도 사회복지제도가 좋아져 노인들을 위한 각종 시설이나 평생교육기관이 늘어나고 처우도 개선이 되어 취미생활을 즐길 수 있고, 자신의 의지만 있다면 얼마든지 노년기를 행복하게 살 수 있다. 그러나 이러한 제도가 노인들 모두를 행복하게 해 줄 수는 없다. 자신의 노력이 필요하고 어느 정도의 경제가 수반되고 건강이 허락될 때 이런 삶을 영위할 수가 있다.

삶의 연장에 만족하지 않고 기쁨과 보람 있는 삶에 가치를 두었을 때 장수의 의미가 있을 뿐 그저 목숨의 연장이라면 무의미한 삶이 된다. 따라서 죽는 날까지 몸도 마음도 건강하게 사는 게 가장 행복한 삶이 될 것이다.

생각해보면 자식을 위한 희생도, 직장에 충실한 것도, 남을 위한 봉사도 모두가 나 자신의 행복을 위해서였지 누구를 위한 삶이 아니었다. 그러므로 노년이 되었으니 누군가에게 대접을 받으려는 생각보다는 내 삶을 즐기기 위한 노력이 필요하다.

갑오년은 내게 '경로'라는 이름을 붙여준 의미 있는 해이다.

기분 좋은 단어는 아니지만 피할 수 없으니 긍정적으로 받아들이고 그 이름이 부끄럽지 않게 살아야겠다.

새해가 밝은 지 어느새 일월의 중반에 들어서고 있다. 거창한 한 해의 계획을 세우기보다는 퇴직 후 몇 년 동안 집 안에서 맴돌던 자리에서 일어나야겠다.

이제 돌보던 손자 손녀도 아기 티를 벗고 그들 나름대로 어린이집과 학교에서 새로운 생활을 시작하게 되었으니 나도 무언가를 통하여 사랑을 느낄 수 있는 일을 시작해야겠다.

몇 년 동안 쉬었던 성당의 단체에도 다시 입단을 했고, 영어 공부와 서예 공부도 수강 신청을 하였다. 봉사하고 공부하며 삶의 보람을 느끼고 사랑을 하면서 세월의 흐름에 순응해야겠다.

며칠 전 한파가 몰아치는 날씨에도 용기를 내어 대관령의 선자령 등산을 다녀왔다. 수북이 쌓인 눈길을 헤치고 올라간 선자령의 정상엔 사람이 날아갈 정도의 칼바람이 불어 극심한 추위가 몰려왔지만 나는 잘 참아내며 네 시간의 산행을 무사히 마치고 돌아왔다.

청마의 해, 첫 등산을 무사히 마치고 돌아오며 자신감을 얻었고 보람 있는 삶을 살기 위해 나이 들었다고 주저앉아 보호를 받으려는 약한 생각을 버리고 내 인생을 책임질 줄 아는 사람이 되어야겠다는 다짐을 굳혔다.

힘들었던 선자령의 도전이 금년 한 해를 멋지게 장식해주리라 믿으니 더 큰 용기가 생긴다.

'내 나이가 어때서, 사랑하기 딱 좋은 나이가 아닌가!'

(충청타임즈)

결혼

여리디여린 봄이 하늘을 뿌옇게 칠한 미세 먼지를 이기느라 힘이 들지만 두터운 땅을 뚫고 뾰족뾰족 얼굴을 내밀며 새 생명의 모습을 드러내려 안간 힘을 쓰고 있다. 창을 열고 먼지를 털어내며 추운 겨울을 잘 이겨내고 소생하는 새싹들에게 찬사와 감사를 보낸다.

봄과 함께 바야흐로 결혼의 계절이다. 금년엔 10월, 11월에 윤달이 들어 있어 결혼 시즌인 가을을 피하고 봄에 결혼식을 올리려고 서두르는 바람에 예식장 잡기가 하늘에 별 따기란다.

결혼 준비에 필요한 모든 업체에 예약이 줄을 짓고 특수를 노리려는 예식과 관련된 업종의 사람들이 바삐 움직이며 고객 유치에 힘쓸 것이다.

결혼을 앞둔 예비부부들의 결혼을 진심으로 축하하며 예식 관련업체들로 인해 행여 결혼 수요의 급증에 결혼 당사자나 가족들이 마음 상하는 일이 없기를 바란다. 금년은 황금돼지띠의 아이들이 초등학교를 입학하는 해인데 학생 수가 갑자기 늘어서 책가방과 학용품이 품귀현상을 보인 해이기도 하다. 황금돼지 해에 아기를 낳으면 좋다는 속설 때문에 그 해에 아기를 많이 낳았기 때문이다.

우리 집은 가족의 생일도 모두 양력을 따르고 이사를 하거나 결혼식 날짜도 가족들이 편한 날을 잡아서 했기에 행사 날짜에 신경을 쓰지 않는다.

나부터 아들 둘까지 궁합도 보지 않고 모두 천주교회에서 신부님의 주례로 엄숙하고 조용한 결혼식을 올렸고 막내아들도 결혼식은 천주교회에서 하기를 원한다. 따라서 과도한 예식비를 지출하지 않고 가족, 사돈 간에 갈등도 빚지 않았다.

결혼식 날처럼 좋은 날이 생애에 또 있을까? 서로의 눈빛만 봐도 몸에 전율이 일고 그가 하는 모든 행동이 사랑스럽고 그 가족까지도 좋은 점만 보이리라. 이 세상 모든 행복은 다 내 것이요. 평생을 살아도 사랑이 식지 않을 것 같은 그 마음을 결혼을 해 본 사람은 모두 느낄 수 있을 것이다.

천사처럼 예쁜 드레스에 멋진 턱시도를 입고 결혼 서약을 하는 신랑신부를 보고 부럽지 않은 사람이 있을까? 그러나 그 행복을 둘만이 느끼기에 아쉬워 축하객들에게 보여 주고 싶은 마음을 이해는 하지만 지나친 표현은 나이 든 이들에게 눈살을 찌푸리기도 한다.

꽃으로 장식한 웨딩카를 타고 시내를 질주하는 차량 속에 비치는 행복한 새 부부의 모습을 보면 나도 행복한 미소를 짓는다.

그러나 오픈 카 위로 목을 빼고 괴성을 지르며 손을 흔드는 신랑신부의 모습은 경망스럽고 불안해 보인다. 더 심한 경우에는 웨딩카 뒤에 깡통을 매달고 덜컹거리며 클랙슨까지 누르고 윗옷을 벗은 맨몸의 신랑 옆에 소리를 지르는 신부와 친구들의 광경도 종종 본다.

물론 행복의 표현이겠지만 이해하기가 어렵다. 누구에게 보여주기 위한 행복이 아니라 자신들만이 느낄 수 있는 소중한 사랑과 행복을 위해 진지한 서로의 마음을 다짐하는 결혼식이었으면 좋겠다.

결혼은 일륜지대사라고 하지 않던가! 시대가 변하니 결혼의 문화도 바뀌는 게 당연하지만 요즘 성대한 결혼식의 후유증으로 자칫 행복이 무너지는 안타까운 소식을 들으며 결혼식이 진정한 부부의 새 출발이 되도록 당사자도 축하객도 결혼의 의미를 진지하게 생각하는 건전한 결혼문화가 확산되기를 바란다.

(충청타임즈)

성실한 사람

대한민국의 교육을 다 짊어진 듯 한껏 꿈에 부풀어 교사로 첫 발령을 받던 해, 학급교훈을 '성실한 어린이'로 정하고 의욕에 넘쳐 교직의 첫걸음을 내디뎠다.

햇병아리 교사라서 초등학교 4학년 어린이들에게 성실의 의미가 막연하고 어려운 단어였다는 생각은 미처 하지 못했던 탓에 "성실이 뭐예요?"라는 질문을 받고 한마디로 간단명료하게 설명하기가 애매하였다.

성실의 자전적 의미는 '정성스럽고 참됨'이다. 아이들에게 사전에 있는 말을 그대로 인용해서 말한다면 더욱 혼란을 줄 것 같아서 그 뜻을 쉽게 설명하느라 애를 썼다.

성실한 어린이란 옳은 일을 열심히 하고 거짓을 말하지 않으며 다른 사람에게 칭찬을 받으려고 착한 일을 하는 게 아니라 누가 보든

안 보든 최선을 다하는 것이라고 설명을 하였다.

성실한 어린이가 되도록 가르치는 데 목표를 두었던 교육철학은 교직생활을 마치는 날까지 변함이 없었다. 지금도 역시 누군가 나에게 "성실한 사람이란 어떤 사람이냐?", "당신은 성실한 사람이냐?"고 묻는다면 자신 있는 대답을 할 수 없다. 다만 성실한 삶을 살아가려고 노력하였으며 앞으로도 그런 사람이 되도록 노력하겠다는 대답을 하고 싶다.

아이들을 보면서 나름대로 성실한 어린이를 판단하는데, 공부는 잘하지만 성실하지 못한 어린이가 있고, 공부는 좀 처지지만 성실하여 내 마음을 흐뭇하게 하는 어린이가 있었다.

영리하여 교사의 눈치를 살피며 머리를 굴려 행동하지만 진심이 없는 행동은 교사에게 들키기 마련이다. 진심을 가지고 행동하는 어린이는 언제 어디서나 아름다운 모습과 행동으로 나를 흐뭇하게 했다. 성실한 어린이는 다소 손해를 보는 수가 있으나 언젠가는 친구들로부터 인정을 받게 된다.

어른들의 사회에서도 약은 행동을 하는 사람들이 당장은 인정받고 남의 주목을 받아 돋보이지만 그 사람에게서 진실성을 발견하지 못하면 그 사람은 신뢰를 잃고 만다. 머리 좋고 진실성이 없는 회사원보다 성실한 회사원이 대접받는 사회가 될 때 건전한 나라를 꿈꿀 수 있지 않을까? 물론 현시대가 워낙 자기 내세우기 시대라서 내 생각이 구시대적 착오를 하고 있는지 모르지만 성실한 사람이 많은 사회가 희망적인 미래가 있는 나라가 될 거라는 내 생각은 변함이 없다.

아직은 어린 싹들이어서 따뜻한 정이 담긴 물을 주고 사랑이 듬뿍 든 친절한 거름을 주면 성실한 나무로 자랄 수 있도록 지도를 했지만 잘 크던 나무도 한때의 비바람과 폭풍우에 시달리면 금세 쓰러지는 수도 있으니 튼튼한 뿌리를 내려 어떤 경우에도 흔들리지 않는 성실한 나무가 되도록 가장 가까이에 있는 조경사인 부모님과 선생님들의 역할이 중요한 것 같다.

내가 키운 나무들이 성실한 나무가 되는 데 조금이라도 보탬이 되었다면 힘들었던 교직생활이 큰 보람으로 기억되리라.

결혼을 하고 아이들이 태어나자 우리 집 가훈 역시 '성실한 사람이 되자'로 정하는 데 뜻을 모으고 가정에서나 직장에서나 성실한 사람으로 살고, 아이들도 성실한 사람으로 키우려고 노력해왔지만 돌아보면 후회가 많은 삶이었다.

요즘 몇몇 사람들이 비리에 연루되어 기관의 조사를 받으러 출두하는 장면에 기자들의 질문을 받는 모습이 자주 눈에 뜨인다. 그들은 모두 자신에 찬 모습으로 조사에 성실하게 응한다는 말을 한다. 그러나 드러나는 결과는 성실한 답변을 빗나가는 경우를 보며 안타까운 생각을 한다. 성실이란 단어에는 거짓이 없어야 한다. 조사 후

나올 뻔한 거짓말을 쉽게 하는 그들의 말을 국민들은 이제 믿지 않으며 행여 복잡한 어른들의 세계를 모르는 어린이들이 묻는다면 무어라 설명할 수 있을까?

성실한 사람으로 살아가기란 정말 어렵다. 가끔은 손해 보는 일도 있고 남들로부터 모자란다는 소리도 들어야 하며 희생도 따라야 한다. 또 자신과의 갈등도 필요하다. 옳은 일을 행하기 위한 자신과의 싸움에서 이겨야 하기 때문이다.

성실한 삶을 방해하는 물욕과 명예욕을 내려놓기란 정말 어려울 것이다. 경제적으로 매우 어려워 생존경쟁이 치열한 현대사회에서 성실하게 살기란 정말 힘들겠지만 한 세상을 살다가 후회 없이 떠날 수 있는 인생의 마지막을 생각한다면 좀 더 성실하게 살도록 노력해야겠다.

(충청타임즈)

우울한 뉴스

요즘 고위 공직자의 혼외자婚外子 문제가 온 나라의 매스컴에 떠들썩하고 이에 국민들도 편승하여 혼란스러워 하고 있다.

물의를 빚은 공직자는 스스로 사퇴의사를 밝혔으나 처리되지 않고 파문은 쉽게 가라앉을 기미를 보이지 않고 있다.

법과 정치에 얽혀진 복잡한 일에 대해 구체적으로는 잘 모르겠다. 그러나 사실관계를 검증하여 확실한 증거가 있고 없고 간에 어느 한쪽의 거짓임이 드러나게 되면 정신적으로 큰 충격을 입게 될 것이고, 이에 따라 의문을 제기하던 국민들에게도 커다란 허탈감을 주게 될 것이다.

그동안 이와 비슷한 사건은 많이 있었다. 그런 사실이 드러날 때마다 본인은 물론 그 자녀들 역시 많은 상처를 받아왔을 것이라 생각된다.

자신이 숨겨진 자식이었음을 알았을 때 그들은 많이 아팠을 것이고 살아가는 동안 마음 한구석 지워지지 않는 상처로 남았을 것이다.

사실 관계를 떠나 나에게 가장 관심을 갖게 하는 건 논란의 중심에 있는 아이에게 있다. 가장 피해를 입는 건 이제 초등학교 5학년인 그 아이가 커다란 상처를 입게 되었다는 것이다.

대상이 누구이든 아이는 자신의 아버지를 알고 있을지 모르지만 그동안 아버지를 떳떳하게 부르지 못하는 처지를 알았을 때 이미 상처를 안고 살아왔을지도 모른다.

인간은 누구나 태어날 때 자신의 의지와 상관없이 태어난다. 그 아이에게 무슨 잘못이 있단 말인가! 그 아이가 받을 상처는 그 누구도 보상을 해줄 수가 없다.

세상에 드러내놓고 아이의 아버지를 밝힐 수 없는 부모 심정도 가슴 졸이며 얼마나 아팠을까? 동정도 가지만 먼 훗날까지 지워지지 않을 깊은 상처를 남긴 아이에게 우리 어른들은 너무도 잔인한 짓을 하고 있는 것이다.

지금은 우리나라를 떠나 낯선 땅에서 누군가의 보호를 받고 있을 그 아이가 자신의 일로 나라가 떠들썩하다는 사실을 몰랐으면 하는 마음이 간절하다. 그리고 더 이상 그 아이에게 상처로 남을 행동은 그만두었으면 좋겠다.

또한 아버지가 우리나라 최고의 자리에 앉았을 때 세상에 부러울 것이 없던 그의 아들딸들이 아버지의 탈세 문제로 국민 앞에 머리를 숙여 사과하는 모습을 보며 국민의 한 사람으로 다행스러우면서도 우울함을 금할 수가 없었다.

그게 단순히 고개를 숙이는 일이었던가! 국민 앞에 거액의 탈세를 인정하고 가족들이 모여 수많은 날들을 고뇌하다 더 이상 물러설 수 없어 결정한 일들이 아니겠는가?

진즉에 내어놓았더라면 사랑하는 자식들이 국민 앞에 머리를 조아리는 일은 없었을 것을 하는 아쉬움이 남는다.

많은 사람들이 그 모습을 지켜보며 거대한 유산을 물려주고 받지 않더라도 평범한 가정에 태어나 화목하게 살아가는 사람들이 더 행복할 수 있다는 공감을 하였으리라 생각한다.

인간이 살아가는 데 돈이 필요함을 느끼지 않는 사람은 이 세상에 아무도 없으리라. 그러나 지나치게 탐욕을 부려 정당한 노력 없이 부를 축적하려다 결국은 명예를 잃고 파멸하는 많은 사람들의 모습을 지켜보며 씁쓸함을 금할 수가 없다.

요즘 매일 우울한 뉴스를 접하며 자식들에게 떳떳한 부모가 되기란 쉽지 않음을 느낀다. 비록 많은 재산을 물려줄 능력 있는 부모는 못되더라도 자식들에게 부끄럽지 않도록 더욱 정직하게 살아야 함을 느낀다. 내 사랑하는 자식들이 부모의 잘못으로 다른 이들에게 머리를 조아리는 일이 없도록 성실한 삶을 살아야겠다는 다짐을 했다.

(충청타임즈)

세뱃돈

손자 손녀의 세배를 받은 게 엊그제 같은 데 청마靑馬는 역시 더 빨리 달리는지 어느새 2월 중반을 넘어섰다.

한복을 곱게 차려 입고 방바닥에 배를 깔고 엎드려 절하는 아기들로부터 절을 받는 기쁨은 설의 한몫을 차지한다. 아직은 손자 손녀들이 어려서 세뱃돈의 액수에 연연하지 않을 나이니 절을 받는 부담이 없어 마냥 좋다.

교사로 재직하던 시절, 설 연휴가 끝난 후 아이들의 일기장엔 온통 세뱃돈을 받은 이야기로 가득 채워졌다. 쉬는 시간에도 세뱃돈을 많이 받은 아이일수록 자랑스러워하며 목소리를 높이는 것 같았다.

일기장을 보면서 또 아이들의 이야기를 들으면서 아이들에게 준 세뱃돈치고는 너무 많은 액수에 놀라웠고, 그 많은 돈을 받고도 만족할 줄 모르는 어린이들에게서 세월의 변화를 다시 한 번 실감하였다.

우리 세대들이 초등학교 1학년이었을 때에는 설이 다가오기 한 달 전부터 설을 손꼽아 기다렸지만 아주 소박한 기다림이었다.

일 년에 한번밖에 먹지 못했던 떡국에 대한 기대와, 설이나 추석에만 얻어 입을 수 있었던 설빔에 대한 설렘과, 어른들에게 세배를 드리고 나면 손에 들려주시던 알록달록한 막과자를 받던 즐거움으로 설을 손꼽아 기다렸다. 그런데 요즘 아이들은 먹는 것도 입는 것도 아쉬울 게 없으니 그저 절을 하고 나서 듬뿍 받는 세뱃돈 때문에 설을 기다리는 것 같다.

세뱃돈을 받는다는 것은 생각조차 할 수 없었던 어려운 시절이었다. 어머니께서 손수 지어 깊숙하게 넣어두신 노란색 저고리와 빨간색 치마를 몰래 꺼내 입어보며 설날이 돌아오기를 기다리던 그 아름다운 추억을 지금의 아이들은 알리가 없다.

언제부터 세배를 하면 돈을 주는 풍습이 생겼는지 모르겠지만 용돈 정도의 적당한 세뱃돈은 아이들에게 설에 대한 기대와 기쁨을 줄 수도 있어 좋은 풍습이라고 생각한다. 다만 그 액수가 너무 크다면 자칫 아이들에게 세배의 의미를 어른에 대한 존경과 감사 대신에 돈으로 계산하는 좋지 못한 마음을 심어주진 않을까 염려가 된다.

설날 아침이면 집안이 시끌벅적하게 명절을 쇠고 이집 저집 웃어

른께 세배를 다니며 나이 한 살을 더 먹은 자랑스러움으로 한 해를 시작하던 설의 모습은 사라진 지 오래되었고, 설날의 연휴를 이용해 해외 나들이를 하는 사람이 급증하는 현실이 되었으니 앞으로 우리나라의 고유명절인 설이 언제까지 그 명맥을 이어나갈지도 의문이 든다.

나이 들어 생각해보니 우리의 인생에 있어 가끔씩 가난했던 어린 시절을 회상해보기도 하고 계절이 바뀔 때마다 떠오르는 아련한 추억을 떠올리는 것도 하나의 즐거움이다. 그런데 지금의 아이들에겐 오직 휴대전화나 컴퓨터가 있을 뿐이니 먼 훗날 이 아이들이 어른이 되었을 땐 과연 어떤 향수를 느낄 수 있을까 삭막한 느낌마저 든다.

급격한 경제발달로 황금만능시대에 사는 우리 어른들은 아이들에게 돈의 소중함을 가르치기보다는 너무도 일찍 돈의 위력을 보여주고 가르쳐 주었다.

급격하게 변화하는 시대를 쫓아야 하는 바쁜 아이들의 삶에 돈의 가치가 너무 큰 비중을 차지하지 않았으면 좋겠다.

요즘 가끔은 지나칠 정도로 영리하고 똑똑한 아이들에게서 어린이다운 순수함을 볼 수 없을 때에 무척 아쉽다. 아이들에게 아름다운 자연과 함께 우리 고유의 문화를 접하며 추억을 만들어 주는 게 어른들의 몫이 아닐까 생각한다.

또한 사라져갈 위기에 놓인 우리의 고유문화를 계승시키려면 거액의 세뱃돈을 주기보다는 어린이들에게 진정으로 조상님을 생각하고 어른을 공경하며 헤어졌던 가족들을 만나는 기쁨을 주는 명절이 되었으면 좋겠다.

며칠 전 지나간 정월 대보름엔 온갖 맛있는 나물 반찬에 오곡밥을 지어주시던 어머니 생각에 잠시 마음이 울적했다.

(충청타임즈)

6

하얀 나비와 명지바람

나는 바람 부는 날을 좋아했다. 어린 시절엔 들판에 서서 입을 크게 벌려 바람을 실컷 마시고, 친구와 정답게 이야기를 나누는 즐거움이 컸다.

하얀 나비와 명지바람

나비는 봄의 전령사이다. 어린 시절, 노란 유채꽃 사이를 나풀거리며 춤추던 하얀 나비에 취해 나비가 되고 싶었다. 마당 한구석 작은 꽃밭에서도, 마을 앞을 흐르는 시냇가에서도 흔하게 볼 수 있던 나비들이 근자近者에는 쉽게 눈에 뜨이지 않는다.

국립산림과학원의 조사에 의하면 우리나라의 도시지역에는 나비의 개체가 70% 가까이 줄었다고 한다. 나비를 흔히 볼 수 없는 것은 지구의 온난화와 개발로 인해 나비가 살 곳이 줄어들고, 좋지 못한 환경 탓이란다. 오염된 환경에서는 나비뿐만 아니라 사람이 살기에도 심각하다니 귀여운 손주들이 살 세상이 걱정이다.

꽃이 흐드러지게 피고 온산이 나를 유혹하지만 외출이 꺼려진다. 거리에는 미세먼지로 인해 감기환자처럼 마스크를 쓴 사람들이 눈에 많이 뜨인다. 나비가 점점 사라지듯 행여 나무와 꽃들도 미세먼지 때문에 힘들어 하는 건 아닐는지….

물에 씻지도 않고 쌈을 싸먹던 입맛 돋우는 향기 그윽한 봄나물도 행여 미세먼지 걱정으로 여러 번 물에 씻어 삶아서 먹어야 안심이 된다. 온실 속에서 자란 빨간 딸기도 씻지 않고는 선뜻 먹을 수가 없다.

자드락길을 걷다가 손으로 떠마시던 시원한 옹달샘이 이미 사라졌고, 몸에 좋다는 약수도 마음대로 먹기가 겁이 난다. 산과 들과 물이 오염되고 미세먼지까지 우리들의 생명을 위협한다.

나는 바람 부는 날을 좋아했다. 어린 시절엔 들판에 서서 입을 크게 벌려 바람을 실컷 마시고, 친구와 정답게 이야기를 나누는 즐거움이 컸다. 그러나 지금은 바람이 몰고 올 미세먼지 걱정 때문에 마스크를 쓰고 입을 잔뜩 오므리며 바람을 피하고 있다. 마음껏 마시던 맑고 깨끗한 고향의 바람이 그립다.

숨을 쉬는 것조차도 신경이 쓰이는 미세먼지는 개인이 해결하기에는 한계가 있다. 집안에 공기정화 식물을 기르고, 공기청정기를 사용하며, 환기에 신경을 쓰고, 외출 시에 마스크를 착용하고, 잘 씻는 이외에는 뾰족한 방법이 없다. 이는 국가적인 차원에서 해결책을 세워 실행을 해야 할 중대한 문제이다.

세계적으로 가장 미세먼지 농도가 높은 중국에서 우리나라에 유입되는 미세먼지가 50%를 넘고 나머지는 우리나라에서 생성된다고 한다. 중국의 환경 개선 효과가 가시화되기 전까지는 고농도 미세먼지가 수시로 발생할 것이라 하니 참으로 걱정이다. 중국으로 인하여 미세먼지 피해를 보상받기는커녕 사드 보복을 당하면서도 큰 소리치지 못하는 현실에 분통이 터진다.

봄철 미세먼지는 중금속이 포함된 각종 물질이 함유되어 인체에 유입되면 비염, 기관지염, 아토피 등의 심각한 질환을 일으킬 수 있다. 우리들이 오염시킨 자연으로 인하여 우리 자신들이 병들어가고 있음을 심각하게 여기며 이제 자연을 소중하게 지키는 일에 최선을 다해야겠다.

대선을 앞두고 각 당의 후보들이 미세먼지를 해결하기 위한 공약들을 내세우고 있다. 대통령이 되기 위한 선심 공약이 아닌 실현 가능한 해결책을 마련하여 당선 후에는 그 약속을 꼭 지킬 것이라 믿고 싶다.

미세먼지 걱정 없이 하얀 나비가 명지바람에 날갯짓을 하는 화사한 봄꽃 속에서 활짝 웃으며 나들이를 즐길 수 있는 날이 오기를 간절히 바란다.

(충청타임즈)

오늘은 나 내일은 너

금년엔 예쁜 단풍을 보기 어려울 것이라는 추측이 있었지만 나는 내 생애 최고의 단풍 나들이를 마음껏 즐겼다.

올 해는 지난해보다 시간의 여유가 생겼다. 그래서 봄 햇살을 타고 새순이 돋아나던 봄부터 나뭇잎들이 무성한 여름을 지나 단풍이 물들기 시작하는 모습에서 떨어지는 모습까지 원 없이 지켜보았다. 그래서 가을을 보내기가 그리 아쉽지 않지만 오는 겨울이 반갑지는 않다.

고운 단풍에 대한 아쉬운 생각을 하는 사람들과 달리 내가 본 단풍산은 모두 아름다웠다. 비가 적게 내려 비록 물을 마음껏 머금지 못해 윤기를 잃었지만 그 고운 빛깔은 그런대로 서로 어우러져 멀리서 바라보는 단풍 숲은 무척 아름다워 콧노래를 흥얼거리기도 했다. 숲을 걷는 동안 나의 마음까지 곱게 물들여 주고 입가에 미소까지 얹어 주었다. 아마도 시간적인 여유로 인해 넉넉한 마음의 여유도 한몫했으리라.

이 세상에 영원한 것은 없는 것, 그토록 웃음을 안겨주던 나뭇잎들은 이제 숲을 걷는 내 발밑에서 마지막 노래를 부른다. 인간이 아기로 태어나 병들고 나이 들어 죽음에 이르듯 그토록 싱싱하고 무성하던 나뭇잎은 계절의 무게를 견디지 못하고 결국엔 떨어져 한 줌의 흙으로 돌아간다.

온갖 몸부림을 치며 얻은 권세權勢도, 명예名譽도, 부富도 언젠가는 허무하게 사라져버린다는 누구나 다 아는 진리를 되뇌며 단풍놀이를 끝냈다.

단풍놀이 끝자락에 얼마 전 유명한 가수와 한 여배우의 안타까운 죽음이 가을과의 이별을 더 슬프게 한다. 두 분 모두 많은 재능으로 우리를 즐겁게 해준 분들이기에 더욱 아쉬움을 남기며 삶과 죽음에 대해 깊은 생각에 잠긴다.

"오늘은 나 내일은 너."

이 글은 천주교 공원묘지 입구에 걸린 문구이다. 누구에게나 죽음이 멀리 있지 않고 언제나 곁에 있는 것이니 이 문구를 통해 살아있는 자들이 자신의 삶과 죽음을 생각하게 하는 경종을 울리는 의미로 받아들여진다.

금년 한 해는 세월호 참사로 인한 수백 명의 희생자를 비롯하여 그 어느 해보다 많은 이들이 세상을 떠났다. 그러나 우리는 자신의 죽음에 대해선 인정하지 않는다.

죽음은 이 세상 모든 것을 다 버리고 혼자서 빈 손으로 영원히 떠나는 고독한 여행이다. 살아있는 동안에 선하게 살고 남을 위해 베풀어 자신의 마지막을 지켜보는 모든 이들이 안타까워하고 슬퍼하며 눈물 흘려주는 사람이 많다면 인생을 가치 있고 보람 있게 산 게 아닐까?

묘지 앞의 문구처럼 우리는 모두 죽음을 향해가고 있다. 천주교회에서는 11월을 위령성월로 정하고 죽은 영혼들을 위한 기도를 바친다.

돌아가신 조상님과 부모님들 그리고 가깝게 지내던 이웃의 영혼들을 기억하고 자신의 삶을 되돌아보는 11월이 되었으면 좋겠다.

이제 겨울 숲을 걸으며 땅에 누워 발끝에 스치는 낙엽을 위로하고 봄을 기다려야겠다.

(충청타임즈)

봄의 애가哀歌

봄은 환희였다.

긴 겨울을 견디고 땅을 뚫고 나온 작은 싹들이 하루가 다르게 커가는 모습이 신비스러웠고, 새순을 달고 풍성한 잎을 키운 나무들이 숲을 이루는 모습에서 건조했던 마음에 생기를 되찾을 수 있었다.

환한 진달래꽃을 보며 웃음을 찾았고, 코끝을 스치는 라일락의 향기에서 잃어버린 추억을 되살리며 담장을 기어오르는 빨간 장미에서 삶의 의욕을 되찾았다.

봄은 그렇게 다시 살아가려는 생의 의지를 북돋우는 삶의 새로운 선물이었다. 그러나 금년의 봄은 우울한 시작이었다. 건강하던 가족의 우환으로 병원에서 봄을 맞았고, 중국에서 몰고 온 미세먼지가 우리를 괴롭혔으며 '세월호' 참사의 거대한 불행이 온 국민에게 슬픔을 안겨주었다. 그리고 나는 봄이 가기 전에 다시 병원에서 지내고 있다.

봄이 올 때마다 그토록 싱그럽고 푸르게 보였던 우암산 자락의 숲이 우울한 모습으로 덮여 있고 하늘도 회색빛이다. 가장 위안이 되는 병실의 텔레비전에서는 온종일 '세월호' 참사의 슬픈 소식을 전하고 있어 아픈 가슴을 더욱 아프게 한다.

목숨을 주어도 아깝지 않을 사랑하는 아들딸들을 차디찬 바다에 던져놓고 목 놓아 우는 가족들의 소리가 귓전을 울리고 거리거리마다 슬픔을 달고 나풀거리는 노란 리본들이 가슴을 저민다.

인간의 이기심과 과도한 욕심으로 빚어진 이번 사건은 날이 가면 갈수록 점점 더 실타래처럼 엉켜져 쉽게 풀어지지 않고 온 국민의 애를 태우고 있다.

인간으로서 해서는 안 될 인면수심의 책임자들이 늘어나고, 많은 비리가 연루되었으며 도덕과 법을 무시한 어처구니없는 행태들이 온 국민을 분노케 한다.

20여 년 전 우리를 깜짝 놀라게 했던 오대양 사건이 이번 사건과 함께 다시 떠올라 기억 속에 잠재웠던 동료직원의 의문의 죽음이 다시 생각나서 우울함을 더한다.

온 국민의 비통함 속에 각종 행사가 무산되고 소비까지 위축되어 경제활동까지 심각하단다. 유언비어들이 나돌고 여기저기 사고가 줄을 이어 설성가상에 안타깝기만 하다.

정부가 나서고 민간 잠수부들이 희생을 무릅쓰고 구조에 힘쓰고 있으나 아직도 여러 명의 실종자들은 생사를 모르고 있어 가족들뿐만 아니라 이를 지켜보는 모든 이들의 애를 태우고 있어 하루 빨리 실종자들이 가족의 품으로 돌아오길 간절히 바란다.

사고가 난 지 한 달이 넘은 지금, 대지는 푸르름이 일렁이고 붉은 장미가 교태를 부리지만 우리들의 마음엔 5월의 슬픈 노래로 가득하다.

봄이 다 가기 전에 어서 이 슬픈 노래가 끝났으면 좋겠다. 그리고 '세월호' 실종자들의 가족들뿐만 아니라 모든 국민들이 하루 빨리 슬픔에서 벗어났으면 좋겠다.

자식을 잃은 슬픔을 가슴에 안았으니 그 슬픔이 세월이 간들 어찌 잊을 수가 있을까? 그러나 세월이 지나면 조금은 지워지지 않을까?

스승의 날, 자신을 던져 제자를 구하다 목숨을 바친 선생님의 묘소를 찾아 눈물 흘리며 그리워하는 학생들의 모습을 지켜보며 나도 눈시울을 적셨다. 교단에 섰던 한 사람으로서 제자를 위해 젊음을 불사른 그분의 제자 사랑과 희생이 헛되지 않도록 퇴색되어 가는 스승과 제자의 신뢰가 더욱 두터워지기를 간절히 바란다.

사고에 관련된 특검이 이루어진다 하니 사고의 전부가 명명백백 밝혀져 가족들의 슬픔을 덜어주고 이러한 비극이 일어나지 않도록 국민들 모두가 자신을 되돌아보는 기회가 되고 정부는 안심하고 살 수 있는 나라를 만들도록 특단의 조치가 있었으면 좋겠다.

곳곳에서 '세월호' 참사를 애도하는 집회가 열리고 책임자를 규탄하는 목소리가 열리는 등 나라에 걱정이 짙어지고 한숨이 깊어진다.

언제까지 슬픔에만 빠져 있을 수는 없는 일이니 무언가 국민들의 가슴을 뻥 뚫리게 할 반가운 사건이 일어나길 기대하며 이제 곧 브라질에서 열리는 월드컵 축구경기에서 통쾌한 승리의 함성으로 그동안 슬픔에 잠겼던 우리들의 마음에서 조금이나마 5월의 슬픈 노래를 지워주길 기대한다.

(충청타임즈)

건강 정보

나는 중고등학교 시절에 기차통학을 하여 기차시간에 맞추어 등하교를 하느라 불규칙적인 식사를 한 탓에 어릴 때부터 소화기 내과 병원을 자주 찾았다. 거의 만성 위염이라는 병명으로 진단이 나왔고 약을 먹어도 금방 낫질 않아 자신은 물론 가족들까지도 힘들게 했다.

아직도 소화기내과를 자주 드나들고 아픈 곳이 점점 늘어나 몇 가지의 약을 장기 복용해야 하는 지경에 이르다보니 건강에 자신이 없다.

어느 날 약 상자를 정리하면서 한심한 생각이 들었다. 색깔과 모양이 다른 위장약이 잔뜩 들었고 약 포장지가 다른 감기 몸살약도 여러 종류가 있었으며 신경안정제, 골다공증 치료약, 고지혈 약에 비타민까지 합치니 약 상자가 넘칠 정도였다.

나는 의사의 지시에 따라 꼭 먹어야 하는 약을 제외하고 과감하게 약봉지를 검정 비닐봉지에 집어넣었다. 약은 함부로 버리면 안 된다는 것을 알기에 가까운 약국 약폐기통에 넣을 생각이었으며, 이제 될 수 있으면 약 먹는 것을 참아보겠다는 결심이기도 했다. 대신에 규칙적인 식사를 하고 틈만 나면 가까운 산을 오르고 많이 걸었더니 고지혈의 수치를 낮추는 데 효과가 컸다.

친구들이 모이면 건강에 대한 대화가 대부분이다. 육십 후반의 나이들이니 아프지 않은 친구가 없어 서로를 위로해주며 고통을 함께 나누지만 행여 건강에 대한 지나친 걱정으로 건강염려증에 걸리지는 않을까 우려도 된다.

100세 시대라 하여 인간의 수명이 점점 늘어나고 있지만 수명만 연장되고 건강하지 못하여 자식들에게 부담스런 존재라면 수명이 연장되었다고 좋아할 일만은 아닐 게다. 수명 연장에 따라 사람들의 건강에 대한 관심이 높아지자 건강에 대한 프로그램이 점점 늘어 건강을 유지하는 데 많은 도움을 얻지만 지나치게 많은 정보로 혼란스럽기도 하고 잘못 따라했다가는 역효과를 가져오는 수도 있다.

전문적인 건강지식을 가진 의사들의 의견도 분분하여 서로 엇갈리는 내용이 있으니 너무 의존하지 말고 취사선택하여 받아들여야 할 것 같다.

식품의 영양가나 효능이 높은 특별한 먹거리나 약재들이 많겠지만 사람의 신체 구조나 체질이 달라서 좋은 음식이나 약도 어떤 이에게는 약이 되고 어떤 이에게는 해害가 될 수 있기 때문이다.

건강할 때 건강을 지키라는 말이 있듯 어릴 때부터 자녀들의 건강을 챙기는 일은 그 무엇보다 중요하다. 특히 입시의 과열 경쟁으로 힘든 학생들이 행여 건강을 잃지 않도록 부모들의 많은 관심이 절실한 때이다. 예쁜 몸매를 위해 지나친 다이어트로 건강을 해치는 일은 위험한 일이라 생각 한다.

건강은 모든 사람들의 가장 큰 바람이다. 스스로의 건강을 잘 챙기는 게 우선이다. 건강프로그램을 진행하거나 정보를 제공하는 전문가와 매체들은 더 좋은 정보를 신중하게 제공해 주었으면 좋겠다. 또한 국민의 건강을 주관하는 정부기관과 병원에서는 양질의 건강검진과 진료로 건강한 100세 시대에 즐겁게 살 수 있기를 바라는 마음 간절하다.

(충청타임즈)

아픈 6월

6월이 아프다. 65년 전 6월의 고요한 새벽, 갑자기 총성이 울리더니 급기야 탱크가 몰려와 아침의 평화를 깨고 형제간에 큰 다툼이 일어났다. 6월은 이 싸움으로 사랑하는 가족을 잃었고 수많은 이웃과 친구를 잃은 아픔의 상처로 해마다 한 차례 붉은 장미꽃으로 슬픔을 토하며 아픔을 잊으려 했다.

아픔을 준 형제는 반성의 기미는커녕 오히려 더 강력한 무기를 개발하며 위협을 하고 호시탐탐 기회를 엿보는 불안감을 키우고 있어 원망하는 마음이 날로 치솟는다.

슬픈 기억으로 마음이 아픈 6월은 잠시 방심한 사이 설상가상으로 5월이 옮겨 준 '메르스'라는 놈의 침입으로 고열과 기침이 나며 온몸이 쑤시고 아픈 중병을 앓고 있다.

거리에는 마스크를 쓴 6월의 이웃들이 활기를 잃은 채 바쁜 걸음을 걷고, 서로의 눈 맞춤을 피하며 행여 병이 전염되지는 않을까 의심의 눈초리로 몸을 사린다.

아픈 몸을 치료해주던 의사도 병이 나서 의식을 잃었으며 병문안을 왔던 가족들과 친지들에게도 병이 옮겨져 아픈 몸과 마음에 더 큰 상처를 남겨 고통을 더해 준다. 그러나 치료에 빠른 명약이 없으며 심하면 회복이 어려운 공포까지 함께 엄습해 두려움에 떨고 있다.

의료진들은 6월을 치료하기 위해 온갖 방법을 동원하여 치료에 힘쓰고, 전염을 막기 위해 애쓰고 있다. 그러나 '메르스'란 놈이 워낙 질기고 마음이 고약하여 마주보거나 스치기만 해도 달라붙어 떨어지지 않으며 어찌나 빨리 달리는지 잡기가 어렵다.

만만하게 보아서는 안 되는 놈이었는데 5월의 안일한 판단으로 환자가 늘어나고 가족과 친지가 아파도 돌볼 수 없는 엄청난 혼란과 불행이 닥쳐 슬픔에 빠뜨렸다.

시원한 빗줄기가 세차게 매를 들어 심술을 부리는 '메르스'를 벌주었으면 좋겠는데 웬일인지 빗줄기마저 망설여 안타깝고, 소리 없는 위로를 보내는 산야의 목마름이 애처롭다.

연일 소식을 전해주는 기운 없는 목소리에서 행여 그놈을 잡았는지 기대하던 이들에게 우려와 원망의 소리가 높아지며 시름이 깊어진다.

초기의 병을 앓고 6월에게 병을 전염시킨 5월은 미안한 마음으로 꼬리를 감춘 채 추이를 지켜보고 있다. 행여 병균의 침입으로 아픔을 겪거나 목숨을 잃을 지도 모르는 7월은 초조한 마음으로 쾌유를 빌고 있다.

유비무환의 깊은 뜻을 실감하는 6월, 어렵고 힘든 이때 누구의 잘잘못을 따지는 실속 없는 논리로 얼굴을 붉히지 말고 내 탓도 네 탓도 아닌 모두의 실수임을 인정해야겠다.

운이 나빠 '메르스'에 걸린 자는 강한 의지로 병을 이기고, 치료하는 의사들은 성심을 다하여 치료하며, 이들을 바라보는 이들은 진심 어린 마음의 응원을 보내어 하루 빨리 건강한 모습을 되찾은 싱그러운 6월을 보고 싶다.

혈기왕성한 7월에는 푸른 산과 바다에서 마음껏 즐기고 웃었으면 좋겠다.

(충청타임즈)

아버지의 다짐

바다 위를 나르는 새들의 행렬이 전처럼 신비스럽고 친근하게 다가오지 않는다. 조류독감으로 수많은 닭과 오리가 폐사되었고, 혹시나 인체에 전염될까 야생 조류에도 경계심이 인다. 달걀이 품귀현상을 보여 값이 오르자, 드디어 미국 달걀이 우리의 식탁에 오른다. 닭과 오리를 키우던 농가의 시름이 깊어지고 이를 지켜보는 국민들의 마음도 편치 못하다. 식생활을 위협하는 물가 상승은 서민들을 긴장시키고 어려운 삶을 더욱 힘들게 한다.

존경받아야 할 대통령의 탄핵으로 촛불 시위가 계속되고 비리에 관련된 많은 사람들이 국정조사를 받는 모습에 이를 지켜보는 국민들의 마음은 분노와 걱정으로 타들어간다. 경제도 정치도 심각하고 어수선하여 정유년 새해의 희망과 기쁨에 우울한 그림자가 드리운다.

부츠를 산 지 오래되어 모처럼 구두약도 바르고 굽도 갈기 위해 구두 수선집에 들렀다. 겨울 들어 가장 춥다는 날이었다. 한 평 남짓한 구두 수선집은 냉기가 돌았다. 오래된 듯 보이는 석유난로는 꺼져 있었다. 아마도 손님이 없을 때는 석유를 아끼느라 켜지 않다가 내가 들어서자 난로에 불을 붙이는 것 같았다. 가끔 들르는 집인데 아저씨는 정성을 다해 구두 수선을 해주신다. 그날도 추운 날씨에 손에 약을 묻혀 구두 손질을 하고 수선하는 아저씨의 모습을 바라보며 힘들겠다는 생각을 하였다.

마침 구형 텔레비전에서는 국정조사청문회의 장면이 나오고 증인에 대한 질문과 답변이 이어지고 있었다. 한때 기세등등하고 권력을 휘둘렀던 지체 높은 분이 모든 정황들을 모르세로 일관하여 질문자가 고성을 지르는데도 증인은 일관된 답을 반복하여 이를 지켜보는 나도 마음이 답답하였다.

그때 미닫이 창문 위에 써 붙인 글귀가 내 마음을 숙연하게 했다.

'아버지의 다짐'

"자랑스러운 아버지는 못 되더라도 부끄러운 아버지는 되지 말자."

글귀를 읽는 순간 텔레비전 속의 권세를 휘두르던 주인공과 대비되어 열심히 구두 수선을 하는 아저씨의 모습이 존경스러웠다.

부와 명예를 거머쥔 자랑스러운 아버지보다 부끄럽지 않은 아버지로 존경받기 위해 성실하게 살려고 노력하는 아버지의 참모습을 보았다. 내가 본 모습의 일부가 그분을 평가하기에 객관적이지 못할 지 모르지만 그런 좌우명을 가지고 사는 분이라면 성실하고 모범적인 가장일 거라는 확신이 든다.

권세와 부를 지녔다고 모두 자랑스러운 부모가 아니라는 부정적인 생각은 옳지 않을 수도 있다. 그러나 자신의 부와 명예를 얻기 위해 법을 어겼다는 떳떳하지 못한 모습을 국민 앞에 보이는 아버지보다, 구두를 수선하며 성실하게 자신의 일을 하는 아저씨의 모습이 자랑스러운 아버지임엔 모두 공감하리라 생각한다. 아저씨에겐 아들이 하나 있다고 하셨다.

구두 수선을 마치고 아저씨에게

" 아저씨가 이 화면에 나오는 분보다 아드님에게 자랑스러운 아버지로 존경 받으실거예요."

칭찬과 감사의 인사에 아저씨는 모든 부모들의 당연한 생각이 아니냐고 웃음으로 대답하셨다.

정성들여 수선해준 구두를 신을 때마다 '아버지의 다짐'은 나에게도 '나의 다짐'으로 바뀌어 기억되고 있다. 자식에게 부끄럽지 않은 부모가 되기 위해 더욱 더 성실하게 살아야겠다는 교훈을 준 아저씨에게 감사함을 느끼며 부모와 함께 촛불 행렬에 나선 젊은이들과 자식들에게 부끄럽지 않도록 경제, 정치, 안보가 불안한 우리나라가 하루 빨리 어려움을 극복하고 모두가 행복한 정유년이 되었으면 좋겠다.

(충청타임즈)

선행을 알리는 플래카드

유난히 무덥고 길어 신산했던 여름도 서늘한 빗줄기에 꼬리를 내렸다. 지독한 더위로 에어컨이 많은 수고를 했고, 전기 요금의 폭탄으로 커다란 부담을 떠안아 생활의 불안정을 초래하였다. 또한 여름의 끝자락에 찾아온 지진과 태풍의 피해를 입은 일부 지역에선 아직도 복구를 다하지 못해 안타까운 마음이다. 그러나 풍성한 가을은 여름의 힘들었던 기억을 잊은 듯 온 산을 곱게 물들이고 우리들의 마음도 곱게 물든다.

가을이면 지역마다 포스터와 플래카드가 넘쳐난다. 플래카드는 요즘 같은 알리기 시대에 가장 효과적인 수단이다. 옛날엔 흰색 천에 페인트로 글을 써서 플래카드를 힘들게 제작했다. 그러나 요즘은 다양한 빛깔의 글씨와 디자인으로 이루어진 플래카드들이 등장하여 광고효과의 극대화를 이룬다.

플래카드의 내용은 아주 다양하다. 아파트 분양 학원 유치 등 상업적인 광고, 동창회 친목회 세미나 취임식 등의 홍보성 광고, 사주나 정부의 경영을 고발하는 고발성 광고, 시험 합격과 승진을 알리는 축하 광고, 특히 선거철이면 쏟아져 나오는 선거홍보 등 다양한 목적의 플래카드가 거리를 장식한다.

이토록 많은 플래카드나 현수막을 자세히 읽기 위해 눈을 부릅뜨고 들여다보는 이는 별로 없는 것 같다. 그러나 그저 스쳐가는 광고지만 그 효과는 상당하다고 한다. 그러기에 허가된 광고판이 아닌 곳에도 불법으로 플래카드가 걸리고 있다. 도로변의 가로등주, 신호등주 등에도 무분별한 벽보나 전단지 등이 부착돼 도시 미관을 훼손하고 있어 이를 제거하기 위한 예산도 많이 투입된단다. 제거 전담반이 수시로 떼어내는 데도 근절되지 않는 걸 보면 그 홍보 효과가 대단하다는 것을 실감한다.

도심 한가운데에서 흔히 보던 플래카드는 전국 어디에서나 자주 눈에 뜨인다. 요즘 가을을 보기 위해 나들이를 할 때면 각종 내용의 플래카드가 부쩍 많아짐을 느낀다. 지역의 축제를 알리는 내용이 많다. 풍성한 수확의 기쁨을 나누고 수고한 분들의 노고에 감사하는 축제의 장이 되었으면 좋겠다. 가끔 굳이 현수막으로 여러 사람들에게 알릴 내용이 아닌 것 같은 플래카드도 있다. 여럿에게 축하받고 싶은 마음을 이해하려고 하는 순수한 마음에 정이 간다.

학교 교문에도 각종대회의 수상을 알리는 플래카드가 자랑스럽게 걸려있다. 학교의 명예를 드높이고 수상受賞한 어린이를 축하해주며 많은 학생들에게 모교에 대한 자부심을 갖게 하는 좋은 홍보란 생각을 한다. 수상을 위해 지도하시느라 애쓴 선생님과 학생의 수고에 대한 감사의 배려도 엿보인다.

언제부턴가 이토록 수많은 플래카드를 보면서 선행 사실을 알리는 내용의 플래카드도 도로나 학교 교문에 걸렸으면 좋겠다는 생각을 했다. 좋은 대학에 합격하거나 지역을 빛내는 명예의 자리에 등극한 사실을 널리 알리는 것도 좋은 일이다. 그러나 귀감이 되는 선행의 주인을 찾아 이를 널리 알림으로써 사람들의 마음을 움직일 수 있다면 이보다 더 좋은 광고효과는 없으리라 생각한다. 각종 대회에서 수상을 한 능력 있는 학생도 자랑스럽지만 선행을 홍보하는 플래카드로 이웃들을 구하고 숨진 '서교동 화재 의인'과 같은 선행을 본받을 수 있는 학생을 기르는 데 중요한 교육이 되리라 생각한다.

각종 사건 사고와 부정으로 얼룩진 현시대에 이웃과 지역사회와 국가에 선행을 한 사람을 알리는 플래카드가 많이 걸려 이를 본보기로 선행의 물결이 출렁이는 사회가 되었으면 좋겠다.

(충청타임즈)

반장 선거

귀 기울여 봄의 소리를 듣는다. 눈을 크게 뜨고 소소리바람을 견디며 싹을 틔우는 나목의 대견스런 모습을 바라본다. 소생하는 자연의 모습처럼 교정에도 새 학기를 시작하는 희망의 재잘거림이 가득하다.

초등학교 입학을 하는 어린이들이 새 책가방을 메고 엄마와 함께 등교하는 모습이 정겹다. 잠시 시대의 아픔을 접고 미래의 밝은 모습을 내다본다.

천진한 어린이들의 설렘과 달리 학부모들은 3월이 힘들고 길다. 자녀들이 새 담임과 새 친구들과 잘 적응할지 염려스럽다. 또한 학기 초, 각종 행사와 담임과의 면담은 직장에 다니는 어머니들에게 부담일 수밖에 없다. 월차나 연가를 내고 자녀들의 학교를 방문하는 일이 그리 쉽지 않아 자녀들에게 미안하고 안타깝기만 하다.

더러는 자녀가 반장이나 부반장을 하고 싶은데 엄마의 학교 참여가 어려워 자녀가 스스로 포기하는 경우도 있단다. 어린이들에게 상처를 주는 것 같아 직장생활을 한 엄마로서 안타까운 생각이 든다. 어머니들의 직장생활이 어린이들의 꿈에 방해가 된다면 제도의 대안이 필요한 부분이다.

나는 재직 시절에 1학년을 담임할 때마다 1일 반장 제도를 운영하였다. 당번이란 말 대신에 반장이란 호칭을 사용하여 반 전체 어린이에게 기회를 주었다. 하루에 두 사람씩 반장을 정해 인사 구령, 책걸상 정리 정돈, 학급문고 정리, 힘든 친구 도와주기, 선생님 심부름 등 그리 힘들지 않은 일을 하도록 했다. 하교 시에는 친구들이 반장에게 수고의 박수를 쳐주었다. 1일 반장을 하고 집으로 돌아가는 어린이들의 표정은 무척 즐거워 보였고, 반장이 되는 날을 손꼽아 기다린다는 어머니들의 말씀을 들을 때마다 나도 기분이 좋았다.

반장은 학급의 대표로서 모범적인 생활을 하고, 친화를 다지며 소통의 능력을 키우는 데 도움이 될 수 있다. 그 경험들이 명예에 우쭐하지 않고 희생과 봉사를 더욱 소중하게 여길 줄 아는 좋은 지도자의 반석이 되기를 바란다. 또한 반장 경험은 없지만 지도자의 꿈을 가지고 있는 모든 어린이들에게도 꿈을 이루도록 응원을 보낸다.

초등학교 반장 선거문화는 순수하다. 자신의 공약만 내세울 뿐 친구를 비방하는 일은 없다. 금품이 개입되지 않고 패거리가 존재하지 않는다. 선거원칙에 따른 공정한 선거를 치른다. 민주적인 절차에 의해 선거를 하고, 선거를 치른 후엔 승복하고 사이좋게 지낸다.

대선을 앞두고 각 당의 후보들 간에 부끄러운 이야기들이 쏟아져 나온다. 초등학교의 반장선거와 대통령선거와는 격이 다르나 민주주의 방식에 따른 공정한 선거의 원칙은 동일하다. 이제 각 당의 경선 승리 후보들이 정해지면 얼마나 더 큰 흠집들을 들추어서 우리를 실망시킬지 걱정이 앞선다. 물론 흠이 많은 사람이 대통령이 되어서는 안 된다. 그러나 진정으로 나라를 위해 어떤 일을 할지 분명한 정책을 내놓는 일에 더 많은 주장을 펼쳐주길 바란다.

지금 우리나라는 내우외환으로 간두지세竿頭之勢의 지경에 처해 있다. 현명한 판단과 깨끗하고 공정한 선거를 통해 나라를 바로 세울 훌륭한 대통령이 선출되어 온 국민이 활짝 핀 장미처럼 함께 웃을 수 있는 아름다운 5월을 기대한다.

(충청타임즈)

댓글 문화

오래전 틈틈이 써온 글을 모아 첫 수필집을 냈다. 내 글들이 책으로 나와 흐뭇했고 가족들도 자랑스러워했다. 남편의 주선으로 많은 이들의 축하 속에 출판기념회도 열어 글을 쓰는 행복을 누렸다.

나는 정성껏 책에 사인을 하여 직장동료, 친구, 친척들에게 책을 돌렸고 남편은 인터넷에 소개된 내 책에 댓글까지 부탁하는 열의를 보였다. 막상 내 글이 여러 사람들에게 읽혀지고 여러 개의 댓글이 달리자 부끄럽고 민망하기 짝이 없었다. 부족하기 짝이 없는 글이었지만 많은 분들이 격려와 칭찬의 글들을 올려주어 글을 쓰는 보람을 느꼈다. 아들도 친구들을 동원하여 책을 읽은 소감의 댓글을 부탁하여 훌륭한 어머니라는 칭찬에 민망하였다.

'칭찬엔 고래도 춤을 춘다 하지 않았던가?' 지금도 가끔 인터넷에서 내 글에 달린 댓글들을 읽어 보면 기분이 좋고 더 좋은 글을 쓰기 위해 열심히 노력해야겠다는 마음을 다진다.

댓글은 '대답하다'는 의미로 인터넷 이용자들이 주고받는 글쓰기 문화를 일컫는 말이다. 민주주의 사회에서 자신의 의견이나 주장을 당당히 펼칠 수 있는 공간을 제공해 주었다는 점에서 좋은 문화라 생각한다.

때로는 소수의 의견이 다수의 결집된 의사보다 더 창의적이고 건설적일 수도 있다. 소수의 의견도 긍정적으로 수용하여 참고할 수 있는 바람직한 문화라고 생각하며 나아가 사회적, 정치적인 모순과 비리를 지적하여 개선하는 데 도움을 줄 수도 있을 것이다.

그러나 생각과 방식이 나와 다르다고 하여 자신의 불만을 토로하거나 악의적으로 남을 공격하는 공간으로 여겨 상습적으로 남을 헐뜯거나 허위 사실을 퍼뜨리는 악플 문화가 있어 심각한 문제를 일으킨다.

주로 정치인들이나 연예인들이 악성댓글로 인해 많은 고통을 호소하고 있다. 댓글에 시달리다 못해 법적인 대응에 나설 정도로 개인에 대한 인신공격이 지나친 내용들이 많다. 심지어는 돈을 받고 글을 인터넷상에 올려주는 댓글 알바, 집단적으로 공격을 퍼붓는 댓글 부대라는 말까지 생길 정도로 댓글은 사회적인 문제로 대두되었다. 심각한 댓글을 견디다 못해 죽음을 택한 사례도 있어 악성댓글에 대한 법제화를 주장하는 사람들도 있다.

나는 댓글을 다는 것을 그리 좋아하지 않는다. 그러나 우리 가족 밴드나 소속된 단체에 가끔 댓글을 달 경우에는 기분 좋은 말을 올리려고 충분히 고민한다. 칭찬만이 능사는 아니고 때로는 채찍질도 약이 될 수 있지만 지나친 매질은 커다란 상처를 나을 수 있음을 생각하며 댓글에 신중하면 좋겠다.

새 정부가 들어서고 대통령과 함께 우리나라의 살림을 꾸릴 살림꾼들을 뽑기 위해 청문회가 열리고 있다. 여야 모두가 어려움에 처한 나라의 발전을 위해 훌륭한 인물들을 뽑기 위한 진통이라 생각한다. 당의 이해관계가 있어서는 안 되며 정치인이나 국민 모두의 통합이 진정 필요할 때이다.

지난 선거 때에도 악성 댓글이 난무했고 청문회를 하는 지금도 악성댓글은 심각한 문제이다. 진심으로 나라를 걱정하고 사랑하는 생산적이고 건설적인 댓글문화로 나라를 이끌어갈 분들에게 힘을 실어 주어 행복한 나라를 만드는 데 기여했으면 좋겠다.

아무리 익명이지만 악성댓글을 다는 이의 마음도 그리 편치 않으리라.

(충청타임즈)

아픈 역사

친구들끼리 1박 2일의 일정으로 대마도 여행을 계획하고도 여행지에 대한 기대와 설렘이 그리 크지 않았다. 마치 집에서 거리가 먼 국내의 여행을 가는 느낌이었다. 단지 친구와 함께 1박을 하며 다정한 대화를 나눌 수 있음에 기분이 좋았다.

비가 부슬부슬 내리던 날, 부산에서 대마도행 배를 탔다. 배를 탄 사람들이 대부분 우리나라 사람들이어서 낯설지 않아 마음이 편안했다. 친구와 밀린 이야기를 나누다 보니 어느새 대마도에 도착하였다.

우리나라 섬에 온 듯, 첫 여행의 느낌은 그렇게 시작되었다. 먼저 다녀간 지인들의 말을 들은 탓에 호기심은 별로 없었지만 가이드의 첫 설명이 감정을 자극하였다.

대마도는 일본의 본섬보다도 우리나라와 더욱 가깝다.

과거 우리나라 땅이었다는 대마도는 부산에서 겨우 49Km 떨어진 섬이다. 선조가 90%의 산지山地인지라 사람이 살 수 없음에 대마도를 무관심하게 버려두었고, 임진왜란 이후 일본 땅으로 기울어졌단다.

대마도가 '조선 영토'라는 것은 세계지도나 일본지도에도 많이 표기되어 있다 한다. 우리나라가 일본의 식민지화 되고부터 우리 땅이라고 대항을 못했으나 이승만 대통령이 환원을 제의했고, 그 이후 60여 차례나 주장을 하다 6 · 25 사변으로 중단되어 영영 일본 땅으로 굳어지게 되었다.

대마도를 일본에게 빼앗긴 것만도 억울한데 독도까지 자기네 땅이라고 우기며 호시탐탐 노리고 있으니 더 이상 우리 땅을 빼앗기는 불행한 일은 없어야겠다는 생각에 야릇한 분노가 일었다.

이런 슬픈 역사를 들으니 대마도가 눈에 확 들어왔다. 대마도는 자연을 그대로 간직하고 있는 시골 분위기였다. 오염되지 않은 맑은 물의 해수욕장, 원시림처럼 느껴지는 아름드리 삼나무의 울창한 나무 숲, 대마도의 중심부에 위치한 크고 작은 섬이 만든 해안 절경 등을 보니 빼앗긴 땅이 너무도 아까웠다.

덕혜옹주가 소다케 유키 백작과 결혼하고 들렀던 것을 기념하기 위해 세운 비 앞에서는 마음이 숙연해졌다. 얼마 전에 상영되었던 영화 〈덕혜옹주〉를 보고 많은 사람들이 눈물 흘리며 역사의 아픔을 뼈저리게 느끼지 않았던가!

책을 통하여도 읽은 〈덕혜옹주〉는 한 여인의 슬픈 삶의 이야기가 아니라 힘없는 나라에 태어난 우리 모두의 슬픈 이야기이다. 귀한 대접을 받으며 곱게 자란 왕녀로 낯선 땅에 끌려가 눈물 흘리며 슬픔의 나날을 보냈을 덕혜옹주를 생각하니 가엽기 한이 없었다.

대마도 여행은 기대보다 느낌이 컸다. 대마도를 빼앗기지 않았더라면 하늘을 치솟는 아름드리나무만도 엄청난 경제 효과를 낼 수 있을 텐데 하는 아쉬움이 많았다.

옛날이나 지금이나 힘이 없는 나라이기에 당해야 하는 설움은 여전하다. 사드문제로 온 나라가 힘든 것은 나라가 분단된 아픔 탓이겠지만 아직은 우리나라가 힘이 부족한 데서 오는 설움이다. 우리 스스로 국방을 해결할 수 있다면 강국의 힘에 의존하지 않아도 되고, 어처구니없이 나라의 땅을 빼앗기지도 않을 것이다.

힘이 있는 나라를 만들기 위해 정치를 하는 분들이나 경제를 살릴 분들이나 국민들 모두가 힘을 모으고 마음을 모아야 할 때이다.

대마도 여행의 아쉬움은 한동안 지속되었다. 지금도 대마도 여행의 기억은 즐거움보다 '아픈 역사'로 남아 있다.

(충청타임즈)

인생은 아름다운 여행

탕! 하는 묵직하고 둔탁한 소리와 함께 비행기의 몸체가 인천 공항에 내려앉는 순간 내 가슴은 안도의 고른 숨을 내쉬었다.

막내아들, 남편과 동행하여 셋이서 25일의 유럽 여행을 마치고 돌아오는 날, 고국의 모습은 살아 계실 때의 포근한 어머니 모습이었다. 힘든 일을 마치고 돌아올 때마다 편안한 미소와 온화한 얼굴로 맞아주시던 어머니, 나는 어머니의 모습에서 모든 힘겨움을 씻어낼 수 있었다.

아들이 3년 동안의 힘든 법法 공부를 마치고 졸업식을 끝낸 바로 다음 날 우리 세 식구는 유럽여행을 떠났다. 아직 추위가 물러가지 않고 눈발이 내리던 날, 아들이 한 달 이상 철저히 준비한 여행 계획서를 가지고 장기간의 여행을 떠났기에 기대와 설렘은 잠을 설치게 했다.

영국을 시작으로 프랑스, 모나코, 이탈리아, 스위스, 독일, 베네룩스 3국까지 9개국을 렌터카로 운전하느라 아들이 무척 힘들었겠지만 우리 부부는 무척 행복했다.

그동안 여러 번의 해외여행을 했지만 대부분 관광회사를 통해서 지인들과 가는 여행이었기에 이번 여행은 아주 특별했다.

아들이 운전하는 차에서 가족과 오붓하게 맛있는 것을 먹고 아들이 인터넷으로 예약한 호텔에서 자유스럽게 잠을 자며, 우리 쌀로 밥을 지어 미역국을 끓여 먹기도 하고 삼겹살도 구워 먹으며 가이드의 지시에 따른 시간 제약을 받지 않아 마음이 아주 편안했다.

우리나라에서 보지 못한 다른 문화와 생활과 자연환경을 보며 감탄도 하고, 남녀노소 불문하고 담배를 입에 물고 다니는 모습을 보며 눈살도 찌푸렸으며, 때로는 드넓은 땅과 조상님께서 물려주신 빛나는 건축물들이 부럽기도 했다.

세계의 인종들이 다 모이는 유럽, 얼굴에 구두약을 바른 듯 아주 새까만 사람, 하얀 사람, 나처럼 누르스름한 사람, 머리가 노란 사람, 흰 사람, 눈만 보이도록 얼굴을 모두 가린 사람, 코를 뚫은 사람, 입술을 뚫어 링을 매단 사람, 모두 다양한 사람들을 접하며 내가 그들을 이상히 여기듯 그들 또한 나를 이상히 여기리라 생각했다.

생김이 다르고 생각이 다르고 행동이 나와 다르다고 그들을 못마

땅하게 여기고 비난하는 일은 옳지 못하다는 생각을 하며 비단 이런 생각은 내 가족끼리도 예외는 아니라는 생각을 했다.

나는 이제껏 가족의 행동을 못마땅하게 여기는 일이 많았다. 왜 저런 말을 하는가, 왜 저렇게 행동하는가, 언제나 내 생각과 행동만 옳은 것 같아서 가족의 마음을 상하게 한 적이 많았다. 이 기회에 좀 더 남을 이해하고 내 생각만 옳다는 것을 고쳐야겠다는 생각도 여러 번 했다.

여행을 하며 즐거움이 많았지만 맑은 날, 흐린 날, 비 오는 날 등 다양한 날씨처럼 기쁜 일, 슬픈 일, 힘들고 괴로운 일 등 인생의 행로와 같음을 여러 번 느꼈다.

세계 제일 런던브리지의 현란한 야경을 바라보며 템스강을 거닐땐 젊은 시절의 나로 돌아가 낭만에 젖었고, 유명한 화가인 반 고흐의 작품 〈별이 빛나는 밤〉의 배경인 론강을 바라보며 잠시 예술세계에 접했고, 향수의 고향인 그라스에서 듬뿍 향수에 취하기도 했다.

2,000명을 수용할 수 있다는 독일의 맥주 집에서 아들 친구 부부와 달콤한 맥주도 맛보는 등 행복한 시간들이 지금도 나를 미소 짓게 한다. 그러나 비바람이 불고 천둥이 치며 안개가 자욱한 인적이 없는 유럽 최대의 협곡인 프랑스의 베르톤협곡에서 타이어 펑크로 부자父子가 고생을 했고, 불빛 하나 없는 낯선 이국의 산길을 잘못

들어 헤맸으며, 영어가 통하지 않는 곳에선 언어의 불통으로 숙소를 못 찾아 거리를 헤매기도 하였다.

프랑스에서 눈 깜짝할 사이 남편의 휴대폰을 도난당해 경찰서에 분실신고를 하는 경험을 했으며, 스위스의 융프라우를 찾아 잘 달리던 차가 눈길이 끊어져 되돌아 다른 길을 찾아 헤매는 등의 힘든 일도 겪었다.

아름다운 전원을 지날 때는 '이곳에서 살았으면….' 하는 생각을 했고, 독일에서 봄 속의 겨울을 만나 추위와 배고픔이 찾아올 땐 내 나라 내 집이 그리워 잠을 못 이루기도 하였다.

유럽의 날씨는 유난히 흐리고 비가 오는 날이 많다. 어쩌다 해가 밝게 비치는 날은 피로도 잊고 여행의 즐거움을 한껏 누렸지만 흐리고 추운 날씨가 계속될 땐 고국의 햇살이 그리웠고 사계절을 누릴 수 있는 우리나라 사람들의 행복이 얼마나 큰 것인지도 새삼 느꼈다. 그러나 흐린 날 속에서도 가족과 함께 공유하는 여행은 즐거움으로 남았다.

우리의 삶도 여행처럼 많은 변화를 겪으며 살아간다. 힘들고 어려움에 부딪혀 삶이 귀찮고 불행한 것 같다가도 때로는 맑은 날씨처럼 작은 일에도 행복에 겨워 삶이 아름답다고 느낄 때도 있다.

여행에서 돌아와 여행 일지를 정리하며 되돌아보니 힘겨웠던 일도 즐거웠던 일도 모두 아름다운 추억이 되어 나에게 행복한 미소를 짓게 한다.

25일의 유럽 가족여행을 통해 65년의 삶을 되돌아보며 힘들었던 일, 즐거웠던 일, 슬픈 일, 기쁜 일 모두가 내 인생의 아름다운 여행이었다고 생각할 수 있는 넉넉한 마음도 생기고 남은 생애에 많은 보탬이 되리라 생각된다.

가족의 소중함을 더욱 절실하게 느끼고, 생각만 해도 가슴 뿌듯한 내 삶에 가장 즐겁고 보람 있는 여행의 기쁨을 준 가이드이며 보호자 역할을 하느라 고생한 아들에게 고마운 마음을 전하고 싶다.

(충청타임즈)

| 서평

철학적 속삭임으로 날아오른 일상

이방주(수필가, 문학평론가)

1. 들어가며

수필은 무엇으로 예술성을 지니는가? 수필은 문학이기에 현실에 대한 독창적 인식을 아름다운 언어로 형상한다. 수필은 그 태생이 시와 다르고 수필에 담기는 이야기도 소설과 다르다. 세상을 바라보는 수필가의 눈은 시인과 다르고, 인식을 전달하는 언어가 소설가와 다르다. 수필가는 일상에서 찾아낸 생활의 철학을 신에게 기구하는 것이 아니라 옆자리에 앉아 있는 인간에게 들려주는 속삭임이다. 시인의 인식과 언어가 일방적이라면 수필가는 상대적이고, 철학적이고 개성적인 언어로 들려주는 속삭임이다.

신금철 수필가의 제재는 일상이다. 그러나 그의 시선이 일상에 머물러 있었다면 그것은 예술이 되지 못했을 것이다. 어떤 문학인은 수필을 신변잡기라 말하지만, 그는 신변을 이야기하면서도 잡기에 머물지 않고 우화羽化하여 보편적 삶의 세계를 날아다니는 철학적 담화이다. 낮은 목소리로 속삭이지만 가장 인상적인 메시지를 독자에게 던져 준다.

신금철의 두 번째 수필집 《호랑나비의 우화羽化》에는 총 61편의 작품이 주제별 6부로 나뉘어 수록되었다. 작품의 제재를 대별해 보니 가족, 일상, 인간관계, 자연과 삶의 환경, 세태비판, 삶과 죽음으로 정리할 수 있다. 그렇다고 그의 시선이 제재에 머물러 있는 것이 아니다. 신변에서 삶의 의미를 찾아 보편적 진리로 승화한 철학적 담화이다. 다시 말하면 자연에서 삶의 섭리를 발견하고, 인간과 인간관계에서 따뜻한 인간애의 소중함을 드러내고, 일상의 세태를 깊은 종교적 사랑으로 바라보면서 삶의 의미로 승화한다. 그는 신변을 말하고 있지만 신변에 머무르지 않고 노년을 사는 철학적 사고를 재촉하면서 다음과 같은 화두를 던지고 있다.

부부에게 짊어진 삶의 무게가 한 치의 오차 없이 똑같을 수는 없다. 그저 너그러운 마음과 용서로 조금 더 무거운 짐을 지고 살아간다면 부부 사이에 불행한 선을 긋는 일은 없을 것이다. 나는 늘 남편의 손을 잡고 살았기에 혼자가 두렵다. 황금빛 노을이 더욱 붉게 물든 숲 속의 아름다운 노부부의 그림처럼 남편의 손을 잡고 서로 의지하며 남은 날을 행복하게 살고 싶다.

'행복한 삶은 누군가와 손잡고 함께 걸어가는 것'이라는 말을 전하고 싶다.

– 작가의 말에서 –

작가는 '행복한 삶은 누군가와 손잡고 함께 걸어가는 것'이라고 생활인의 철학을 한마디로 정의하였다. 삶의 행로에는 '누군가'가 있어야 한다는 말에 수필의 장르적 특성을 담고 있다. 조동일 교수는 수필을 '작품외적 세계의 개입으로 이루어지는 자아의 세계화'라 규정하면서 '세계의 자아화'라는 시와 구별하였다. 자아를 세계화하기 위해서는 '누군가'의 존재가 중요하고 그와 손잡고 함께 걸어야 한다. 물론 걸어가는 길도 방향도 하나여야 한다. 《호랑나비의 우화羽化》의 작품 한편 한편마다 화자와 함께 걷는 누군가가 존재한다. 이것이 신금철 수필가의 삶이 수필처럼 아름답고 그의 수필이 삶처럼 풍요로운 지름길이 되었다 '황금빛 노을이 붉게 물든 숲 속의 아름다운 노부부의 그림'을 꿈꾸면서 노년의 삶을 말하지만, 독자는 남녀노소를 불문하고 그의 철학에 공감하게 될 것이다. 이와 같이 작가는 은근한 가르침을 낮은 목소리로 강하게 심어줌으로써 수필문학이 지향하는 독자성을 드러내었다.

《호랑나비의 우화羽化》의 예술성은 작가의 철학적 인식과 문학적 형상화를 알아보는 것이 급선무이다.

2. 《호랑나비의 우화羽化》의 시선이 머무는 곳

⑴ 굴절되지 않는 시선

작가의 시선이 머무는 곳을 알아보는 것은 인식의 독창성에 중점을 둔다. 어떤 이는 신변을 제재로 의미를 찾아 예술성을 확보하는 것으로 끝나서는 수필이 문학성을 고양할 수 없으니 수필도 이제 신변에서 탈출하라고 한다. 그러나 신변을 벗어나려고 먼 여행을 했다면 이미 그곳이 신변이 된다. 주제를 정해 놓고 소재를 찾으러 신변을 떠나 창작할 수도 있을 것이다. 그러나 그것은 이미 허구이다. 그러므로 수필은 신변을 떠난 곳에서 얻어지는 것만은 아니다. 신변과 일상의 체험에서 독창적 인식과 사색으로 진리를 발견하는 것이다. 수필은 재주로 쓰는 글이 아니다. 수필은 도道 닦는 마음으로 쓰는 글이다.

신금철 수필가의 눈은 투명하다. 그의 시선은 도를 닦는 길처럼 굴절되지 않는다. 소재를 직관하여 깨닫고 느끼는 진리를 물들이지 않고 진솔하게 술회한다. 그의 많은 작품들이 일상을 떠난 곳에서 제재를 얻었다. 그러나 일상을 떠나도 바로 그곳을 일상으로 만들어 버린다. 그래서 그의 수필은 소재에서 발견하는 의미를 진솔하게 술회하였을 뿐 주제를 염두에 두고 소재를 찾아 나서지 않는다.

융단처럼 펼쳐진 황금빛 구들장 논과 아직은 물들지 않은 연두색의 조화, 모든 시름과 걱정을 잊고 오직 피사체를 향해 몰두하는 남편의 모습 역시 청산도를 빛나게 하는 아름다운 정경의 일부였다.

나는 길게 숨을 토해냈다. 때 묻은 양심, 가득 찬 탐욕, 미움과 질투, 짜증과 분노 모두를 털기 시작했다. 푸른 바다에, 맑은 바람에 실리어 날아갔을 나의 모든 것들 대신에 내 깊숙한 곳에 이제 남은 시간은 욕심도 없고 미움도 없이 아름답게 살아갈 수 있도록 내 마음의 밭에 코스모스를 잔뜩 심어 놓았다.

– 〈아름다운 청산도〉에서 –

작품 〈아름다운 청산도〉의 일부이다. 작가는 일상을 탈출하여 소시민의 이상세계라고 할 수 있는 청산도에 가 있다. 그러나 이상세계는 바로 일상으로 돌아가 버린다. 아름다운 자연과 하나가 된 남편이란 일상이 함께 존재하기 때문이다. 사진작가인 남편은 정화된 세계를 피사체로 촬영을 한다. 그러나 작가의 눈에 남편은 함께할 '누군가'가 되어 정화된 청산도 자연의 일부가 되어 버린다. 이와 같이 작가는 일상을 굴절되지 않은 투명한 눈으로 바라본다. 여기서 자아는 곧 세계화한다. 정화된 자연, 아름다운 이상세계, 그 일부가 된 남편을 바라보며 '마음 밭에 코스모스를 심어 놓는다.' 정화된 세상과 하나가 되는 것이다.

작가는 일상을 떠나지만 주제를 정해놓고 출발하는 것이 아니라 도달한 세계에서 삶의 의미를 발견한다. 이렇게 수필문학의 예술성을 구현하였다.

(2) 자연에 관한 인식

《호랑나비의 우화羽化》의 많은 작품이 자연을 제재로 하였다. 자연은 인간의 삶의 현장이며, 때로는 현실을 떠나 돌아가 의지하고 싶은 귀의의 대상이다. 자연은 두려움의 존재이기도 하고, 어머니의 품처럼 따뜻한 보금자리가 되기도 한다. 자연의 변화를 바라보며 인간은 섭리를 발견하고 삶의 순환원리를 깨닫는다.

담쟁이가 상수리나무를 열심히 기어오른다. 덩굴손으로 나무를 붙잡고 기어오르는 모습이 힘겨워 보인다. 담쟁이가 벽이나 나무를 타고 오르는 모습에서 생명의 끈질김과 자연의 신비를 느낀다. 그러나 남의 집에 둥지를 틀고 마음 편치 않은 새처럼 상수리나무를 휘감은 담쟁이가 애처롭다.

나는 어머니라는 나무에 잔뜩 들러붙어 어미를 힘들게 하는 담쟁이였다. 직장생활을 핑계로 어머니께 집안 살림과 세 녀석이나 되는 손자들을 보살피는 힘든 일을 떠맡기고도 어머니의 건강에 신경을 쓰지 못했다. 병원 침대에 눕기 전까지 오직 딸의 행복을 위해 휘어지고 부러지면서도 딸이 업히도록 등을 내주신 어머니에게 죄송하고 감사하여 눈물을 흘린다.

담쟁이는 스스로 서서 자라지 못하고 다른 나무의 몸을 빌어서 자란다. 담쟁이도 답답함을 참으며 기꺼이 몸을 내주는 상수리나무에게 감사하고 죄송하다는 마음을 안고 살아가겠지 생각하니 기대어 사는 그의 삶이 안타깝다. 내 어머니 같은 상수리나무에게 감사의 인사를 한다.

– 〈숲의 선물〉에서 –

이 세상의 모든 생명체는 소중하다. 작은 나비도 이렇듯 사랑하고 소중히 여기는데, 하물며 열 달을 자기 몸속에 품었다가 세상 밖으로 나온 귀한 자식을 어찌 학대하고 목숨까지도 빼앗을 수 있을까? 세상을 떠들썩하게 하는 자격 없는 일부 부모들이 저지르는 잔인한 행동에 화가 난다.

번데기가 허물을 벗고 나비가 되어 하늘을 나는 것을 우화羽化라고 한다. 나비는 우화할 때 가장 위험해서 우화 도중 잘못하여 땅에 떨어지면 날개가 펴지지 않고 굳어버려 살아나지 못한다. 일부 인면수심의 어른들이 자녀들의 가냘픈 날개를 찢어서 세상을 날아보지도 못하고 추락하는 슬픈 일이 더 이상 없기를 바란다.

– 〈호랑나비의 우화羽化〉에서 –

꽃들은 크거나 작거나 화려한 색이거나 소박하거나 모두 아름답다. 아마도 욕심을 버리고 비와 햇볕과 바람까지도 골고루 나누며 내면까지도 아름다움으로 가꾸기 때문인 것 같다. 해바라기와 채송화처럼 큰 대조를 이루는 꽃들 중에서 어느 꽃이 더 예쁘고 가치 있는 가를 말 할 수는 없을 것이다. 두 꽃 다 축복받은 생명을 가지고 이 땅에 태어났고 보호받아야 할 당당한 권리가 있으며 각각의 아름다움을 지니고 있기 때문이다. 꽃들은 크다고 교만하지 않고 작다고 주눅 들지 않으며 시기도 욕심도 없다.

사람도 이 세상에 존재의 가치를 공평하게 부여받고 태어났다. 소유의 많고 적음에 따라 가치가 정해지는 것이 아니다.

– 〈해바라기와 채송화〉에서 –

작가는 〈숲의 선물〉에서 담쟁이가 상수리나무를 기어오르면서 자라는 모습을 보면서 자신이 살아온 날을 돌아본다. 대부분 사람들은 담쟁이의 끈질긴 생명력을 삶의 귀감으로 삼겠지만, 작가는 담쟁이가 스스로 살지 못하고 상수리나무에 의지하여 살아가는 모습을 애처롭게 생각한다. 그것은 곧 자신이 직장생활을 하면서 어머니에게 자녀 양육을 맡긴 죄송스런 마음을 드러낸 것이다. 담쟁이를 자신의 객관적 상관물로 상수리나무를 어머니로 생각하게 된다. 자연에서 자신의 삶의 모습을 발견하는 것이다.

〈호랑나비의 우화〉에서는 손자가 호랑나비를 기르는 모습에서 자식을 사랑하는 법을 깨닫는다. 호랑나비가 우화하는 순간이 호랑나비의 일생에 가장 위험한 것처럼 사람도 세상에 태어날 때 보살핌을 받아야 함을 강조하고 있다. 자연의 섭리는 곧 인간의 생로병사와 같은 것이므로 순간마다 보호받고 도움을 받아야 함을 강조하였다.

〈해바라기와 채송화〉에서는 두 꽃이 키가 크고 작음에 관계없이 가치의 유무는 별개인 것이라는 진리를 말하였다. 인간은 그의 크고 작음에 따라 가치가 평가되어서도 안 되고 차별을 받아서도 안 되는 것이다. 누구나 공평하고 축복받은 생명임을 두 꽃을 통하여 깨달은 진리를 담담하게 기술하였다. 자연의 순환원리를 교훈의 대상으로 삼은 것은 우리나라 문학에 나타난 전통적인 자연관이다.

(3) 사랑으로 충만한 인간관계

《호랑나비의 우화羽化》에 특히 두드러지게 등장하는 것은 따뜻한 인간애이다. 작가가 만나는 사람들은 주로 가족이다. 그의 가족에 대한 애정은 남다르다. 어린 나이에 아버지를 여의고 어머니와 함께 외롭게 살아왔기에 가족에 대한 애정이 유별나다.

현대사회는 1차 산업이 요구되는 공동체집단에서 벗어나 핵가족화, 개인화하고 있다. 가족의 기능이 대개 가정 밖의 사회로 대부분 이전되었고, 자녀 양육의 기능도 많이 약화되었다. 그런 관계로 결속은 약화되고 대화와 사랑이 단절되었다. 가정이 사회의 출발점이라고 생각한다면 가정 내의 갈등과 여러 가지 문제는 곧 사회문제로 발전될 수 있는 것이다. 이러한 가족의 해체와 붕괴가 현대사회의 자연스런 현상으로 받아들여지고 있다.

작가의 가정은 이러한 현대 가족관계의 문제를 사랑으로 해결하고 있다. 《호랑나비의 우화羽化》에 드러난 가족 관계는 부모, 남편, 자녀와 손자이다. 중심에는 작가가 있다. 트레이 파커Trey Parker는 '가족은 누구의 핏줄이냐가 아니라 누구를 사랑하느냐이다.'라고 말했다. 이처럼 가족은 자연적으로 생성되는 것이 아니라 사랑에 의해서 이루어지는 것이라 할 수 있다.

나는 아버지라는 호칭을 한 번도 사용할 수 없었다. 첫돌이 되기 전에 아버지가 돌아가셨으니 부를 대상이 없었던 것이다. 지금도 내겐 아버지란 말이 어색하다. 스무 살 중반에 청상이 된 어머니는 오직 나 하나만을 위해 사셨다. 돌도 안 된 딸을 두고 남편을 잃은 어머니가 겪으신 슬픔의 웅덩이는 너무 깊어서 평생 동안 그 무엇으로도 메울 수가 없으셨을 것이다.

가끔 주전자를 들고 아버지의 막걸리 심부름을 가는 친구들이 부러웠다. 아버지의 사랑은 어떤 것일까 궁금하기도 했다. 어머니는 내게 다른 아이들처럼 온전한 부모의 사랑을 채워주시느라 많은 고생을 하셨다. 훌륭한 어머니 덕분에 나는 아버지의 부재不在를 잘 이겨냈다. 그러나 아버지의 역할까지 하시느라 버거워 하시는 어머니의 모습을 볼 때면 아버지의 빈자리가 크게 느껴져 그리움에 잠겼다.

– 〈아버지〉에서 –

우리 집도 형편이 좋지 않아 시계라고는 한 개도 없었기에 어머니는 기차 통학을 하는 나의 아침밥을 지으시기 위해 중학교 3년, 고등학교 3년을 거의 밤잠을 주무시지 못했다. 그러나 시계가 없어도 어머니가 늦잠을 주무셔서 아침을 굶고 간 적이 한 번도 없던 기억에 혼자 소리 없는 웃음을 자아낸다.

그렇게 갖고 싶었던 시계를 교사 발령을 받고도 몇 개월이 지난 후에야 사서 찰 수 있었고 어머니에게도 적금을 부어 목돈을 마련하여 시계를 사드려 어머니는 무척이나 기뻐하셨고 자랑스럽게 시계를 차고 다니셨다.

– 〈시계〉에서 –

노추산 계곡은 어느새 가을이 깊어 돌탑 사이로 낙엽이 수북이 떨어져 쌓이고 단풍이 막바지에 이르러 만추의 운치가 절정이었다. 돌탑 하나하나엔 눈물과 슬픔이 배인 어머니의 한 어린 모습이 가슴을 울렸다.

어머니가 위대한 존재임을 모르는 이는 없다. 그러나 전설이 아닌 실화라는 점에서 어머니의 위대함을 가슴 깊이 느끼며 그분이 생전에 살았던 흔적이 있는 움막을 드려다 보자 가슴이 뭉클하였다.

전설과 사연이 얽히지 않은 산이 없지만 자식을 위해 모정탑을 쌓느라 힘들었을 어머니의 위대함에 절로 존경심이 솟구쳤다.

– 〈모정탑母情塔〉에서 –

〈아버지〉는 아주 어렸을 때 돌아가신 아버지에 대한 막연한 그리움을 그렸다. 아버지는 우리나라 전통적인 가족제도에서 가정의 우두머리이다. 부계중심 친족사회에서 아버지는 가장이고 부인에겐 남편이고 자식에겐 바로 아버지이다. 가계의 존속을 강조하는 우리나라의 가족제도에서 가장은 시조로부터 수많은 세대의 아버지가 끊임없이 이어온 것이고, 단절되지 않고 후세에 이어주어야 할 의무가 있다. 이렇게 아버지는 어느 먼 과거에서 시작되어 미래로 이어지는 연결 고리이다. 한국 사회에서 아버지의 역할이 다양하기 때문에 가족 구성원 중에서 호칭도 가장 다양하다. 국어에서 어린이가 아버지를 부르는 '아빠'라는 호칭은 아랍어에서는 'abba'라고 한다. 그리스도 시대에 팔레스티나에서 아버지를 애정과 친근감을 담아 이렇게 불렀던 것 같다. 그래서 기독교에서 하느님을 '아버지'라 부르는지도 모르겠다. 힌두교의 경전인 베다에서는 영원한 신과 같은 존재로 아버지를 '피트리pitri'라 했다고 한다.

기독교인들이 '하느님 아버지'하고 기도하는 모습을 보면 '하느님은 아버지와 같은 존재' '아버지는 하느님과 같은 존재'라는 것을 깨닫는다. 작가는 어린 시절 아버지의 부재를 어른이 되면서 어머니를 '남편의 부재'로 이해한다. 그래서 '슬픔의 웅덩이를 그 무엇으로도 메우지 못했을 것'으로 어머니와 아픔을 공유한다. 어찌 아버지의 막걸리 심부름만 부러웠을까? 작가는 나이 들어가면서 어머니에게서 보이는 아버지의 빈자리를 통하여 막연한 그리움을 더한다.

아버지에 대한 그리움으로 어머니에 대한 사랑과 존경심은 더해진다. 〈모정탑母情塔〉에서 어머니의 위대함에 대한 존경심을 표현하였다.

전통사회 가부장제도 아래에서 남편은 아내의 배우자라는 의미 이상의 개념이었다. 그러나 사회 제도가 변화하면서 남편의 의미는 많이 축소되었다고 할 수 있다. 오늘날 가족 제도에서 남편의 권위가 약화 내지 축소된 것은 아내인 여성의 지위 상승과 원인을 같이 한다. 농경 생활 중심이었던 전통사회와 달리 경제활동을 함께하는 현대 생활양식은 남편의 강력한 권위를 뒷받침해 주지 않는다. 그러나 가정마다 모두 이러한 것이 아니라는 것을 〈내 인생의 봄날〉에서 엿볼 수 있다.

젊은 시절, 부모님께 받은 유산 없이 자수성가하고 아이들 키우며 직장 생활하느라 힘들었던 세월을 혹독한 겨울로 생각하며 이제 남은 인생의 계절은 그와 나의 영원한 환희의 봄이라 느끼며 살고 싶다. 고희를 맞는 남편에게 가족을 위해 수고한 감사의 메시지를 들려주고, 그의 건강을 위한 기도와 영원한 사랑의 약속을 선물로 주어야겠다.
살다보면 찬바람 부는 겨울이 오기도 하겠지만 긍정의 힘으로, 비우는 마음으로, 겸손으로 감싸주고 사랑하며 사노라면 봄의 환희처럼 밝은 웃음이 우리 곁에 함께해주리라 믿는다.
아직 계절의 봄소식은 멀었지만 내 마음은 벌써 섬진강의 매화꽃이 만발한 봄의 동산에서 활짝 웃으며 그의 카메라 앞에 서 있다.

– 〈내 인생의 봄날〉에서 –

이 작품에서 작가는 남편의 과거를 이해하고 현재의 고통을 함께하며 다가오는 미래에 영원한 사랑을 '고희를 맞은 남편에게 가족을 위해 수고한 감사의 메시지를 들려주고 건강을 위한 기도와 영원한 사랑의 약속을 선물할 것'이라며 마음속 깊이 다짐한다. 현대사회에서 여성의 지위가 상승하고 부부가 대등한 관계가 형성된 것은 여성의 경제활동에 기인한다. 신금철 수필가처럼 부부가 함께 경제활동을 하면서 전통 사회의 남편에 대한 개념을 유지하는 가정도 많지 않을 것이다. 여기에서 가정과 가족을 인식하는 작가의 시선이 남다름을 엿볼 수 있다. 아버지에 대한 그리움, 어머니에 대한 존경심, 남편에 대한 존경과 사랑은 작가가 인간을 사랑하는 심성의 발로라고 생각한다. 이러한 가족사랑은 며느리 사랑이나 손자 사랑으로 발전한다.

며느리 셋이 제사음식을 준비한다. 여름휴가를 함께 즐기고 한 달 만에 만난 그들은 밀린 이야기꽃을 피운다. 그들의 다정한 모습도 눈에 선하다. 며느리 셋은 키도 얼굴도 많이 닮았다. 내 보기에 늘씬한 키에 탤런트 못지 않은 미인들이다. 지혜롭고 심성도 곱다. 직장생활과 육아로 힘들겠지만 내색하지 않고 명절을 지내기 위해 정성을 다한다.

나는 며느리들의 일손을 덜어주려고 며칠 전부터 김치를 담그고 밑반찬을 준비한다. 제사 음식은 푸짐한 것보다 정성이 더 중요하다고 여겨 손이 많이 가고 까다로운 제사 음식을 피하고 힘이 덜 들도록 메뉴를 정한다. 아들들은 쓰레기를 분리하여 내다 버리고, 아이들을 보살피며 설거지를 도와주고, 남편은 제사상을 차리고 청소기를 돌린다.

– 〈추석이 남긴 것〉에서 –

내 인생도 중요하여 취미생활도 하고 건강도 지키기 위해 일찌감치 아이들을 어린이집에 맡기고 편히 지내는 것도 좋지만 정성과 사랑으로 아이를 키우는 게 부모의 도리이며 즐거움임을 함께 생각해 보아야겠다.

나는 취미생활을 잠시 미루고 내 어머니께서 손자들을 정성껏 키워주신 것처럼 예솔이에게 직장에 나간 엄마의 빈자리를 사랑으로 채워주기 위해 나도 세 살이 되어 함께 소꿉놀이를 하고 맛있는 간식도 챙겨주며 내가 알고 있는 모든 육아 지식을 동원하여 아기가 행복하도록 돌보아줄 생각이다.

– 〈소꿉놀이〉에서 –

〈추석이 남긴 것〉에서 작가의 숨길 수 없는 며느리 사랑이 드러나 있다. '탤런트 못지않은 미인' '심성도 곱고' '지혜롭고' '명절을 위한 정성'으로 극찬 받는 며느리들은 정말로 아름답고 지혜롭고 훌륭하기도 하겠지만 아무리 훌륭해도 바라보는 시어머니의 눈초리에 따라 좌우되기 마련이다. 여기서 작가가 며느리를 사랑하는 시선을 짐작할 수 있다. 그래서 미리 김치를 담그고 밑반찬을 준비한다. 작가의 가정은 이 작품의 결미 부분에서 밝힌 것처럼 '서로 나누고 도와주어 추석이 남긴 아름다운 추억들이 다음의 명절을 기다리는 가슴 설레는 명절이 될' 것이라고 믿는다. 지나친 말인지는 모르겠지만 이런 시선이 바로 수필문학이 세계를 인식하는 방향이 아닌가 한다.

(4) 역사와 시대에 대한 시선

《호랑나비의 우화羽化》는 신변과 일상에만 머물러 있는 것은 아니다. 가족과 가정에 머물러 있는 것 같지만 이 시대의 역사문화와 사회 문제에 대한 걱정도 많다. 한 세대를 살아오면서 많은 제자를 길러낸 착한 선생님 부부가 은퇴하여 자손을 돌보면서 세상을 바라보는 인자한 시선을 발견할 수 있다.

요즘 사회적으로 화제가 된 재벌가의 다툼을 지켜보는 모든 사람들의 시선이 곱지 않음은 그들이 피를 나눈 형제이기 때문이다. 그들 형제뿐만 아니라 주위에서나 매스컴을 통해 재산으로 인한 부모, 자식, 형제간의 치열한 싸움을 볼 때마다 서글픈 생각이 든다.

돈은 살아가는 데 꼭 필요하여 그 가치를 무시해버릴 수는 없지만 혈연간에 사투를 벌일 만큼 귀한 존재는 아닐 것이다. 신이 인간에게 가장 공평하게 나누어준 것은 죽음이다. 그 귀하다는 돈도 인간의 죽음은 막을 수 없기에 돈을 많이 쥐었던 부호들도 언젠가는 놓고 떠나야 한다.

– 〈형제〉에서 –

손은 우리가 살아가는 데 아주 소중한 신체의 일부다. 좋은 일에 사용되는 손은 기쁨과 보람과 감사의 손이 되지만, 죄를 짓는 손으로 인하여 가슴 아픈 세상이다. 노동의 고통 없이 거액의 뇌물을 받아 챙기는 손, 자신의 이익을 위해 인체에 해를 입히는 것을 만들고, 남의 것을 빼앗고, 심지어는 사람을 죽이는데 사용하는 나쁜 손이 날이 갈수록 늘고 있다.

감자를 캐시던 할머니와 감자를 까시던 할머니처럼 검버섯이 돋아나고 주름이 가득하여 곱지 않은 손이 되더라도 부끄러운 손이 되지 않아야겠다. 열심히 살아온 흔적을 남기는 떳떳한 손이 되도록 착한 일을 하는 손이 많은 세상이 되었으면 좋겠다.

– 〈손〉에서 –

이 세상에 영원한 것은 없는 것, 그토록 웃음을 안겨주던 나뭇잎들은 이제 숲을 걷는 내 발밑에서 마지막 노래를 부른다. 인간이 아기로 태어나 병들고 나이 들어 죽음에 이르듯 그토록 싱싱하고 무성하던 나뭇잎은 계절의 무게를 견디지 못하고 결국엔 떨어져 한 줌의 흙으로 돌아간다.

온갖 몸부림을 치며 얻은 권세權勢도, 명예名譽도, 부富도 언젠가는 허무하게 사라져버린다는 누구나 다 아는 진리를 되뇌며 단풍놀이를 끝냈다.

– 〈오늘은 나 내일은 너〉에서 –

〈형제〉에서 재산을 놓고 형제간의 다툼이 일어나는 오늘날의 현실에 대하여 자신의 일처럼 걱정하고 있다. 인생행로의 모든 선택 앞에서 가장 먼저 전제되어야 할 것은 곧 '죽음'이다. 삶을 기름지고 값지게 하는 것은 자신의 죽음을 전제로 선택했을 때 가능하다. 국가나 사회에 커다란 역사의 성이 있다면 그것은 곧 개인의 역사라는 작은 벽돌에 의해서 이루어진다. 이러한 역사의식은 개인의 삶을 선택하는 기준이 될 것이다. 교직 40여 년의 원로로서 사회에 던지는 일침이다.

〈손〉은 최근의 사회 풍조를 보면서 손의 향방에 따라 달라지는 손의 가치를 토로하였다. 검버섯이 있는 손이라도 부끄러운 손이 되지 말아야 한다는 말이다. 이러한 가치 선택의 기로에 선 젊은이들에게 결정적인 교훈은 〈오늘은 나 내일은 너〉에서 시사하고 있다. 인류 역사는 순환하여 언젠가는 '내일의 너'가 '오늘의 나'가 된다는 사실을 강조하였다.

수필은 철학과 문학의 사이에 있다고 한다. 그렇다면 수필에서 작가의 세계에 대한 인식은 그의 생활 철학을 바탕으로 이루어진다고 생각한다. 신금철 수필가가 《호랑나비의 우화羽化》를 통하여 세계를 인식하는 가장 기본적인 철학은 무엇일까? 그것은 바로 사랑이다. 가정을 사랑하고 부모, 남편, 아들 며느리와 손자에 대한 사랑이 사회와 국가 인류문화에 대한 사랑으로 우화羽化하여 한지에 먹물처럼 작품에 스며들었다고 해석할 수 있다.

3. 제재의 예술적 형상화

수필을 신변잡기적이라고 한다. 또 어떤 이는 수필은 일상을 제재로 한다고 한다. 그런가 하면 신변 제재를 탈출하는 것이 수필의 문학성을 제고하는 것이라고 주장하기도 한다. 다 옳은 말일 수 있다. 그러나 아무리 신변을 탈출한 제재를 작품화하더라도 대상에 대한 본질을 추구하여 완전한 앎의 경지에 이른 다음 자신만의 눈으로 새롭게 인식하지 못하면 예술과는 거리가 먼 단순한 '이야기'로 전락한다. 그래서 격물格物과 치지致知를 수필의 첫 단계라 말한다. 독창적 인식이 이루어진 다음에도 인상적으로 그려내지 못하면 또한 이야기 수준에 머물러 잡기라는 평가를 면하기 어려울 것이다. 문학적 형상화가 그만큼 중요하다는 말이다.

《호랑나비의 우화羽化》의 예술적 형상화 방법을 간단히 알아보기로 한다.

(1) 묘사와 비유

문학적 형상화 방법에서 묘사와 비유를 뺄 수는 없다. 그런데 묘사는 대부분 비유에 의해서 이루어지고 비유는 인상적 묘사에 가장 큰 도구라고 할 수 있다. 비유는 전혀 다른 두 사물의 관념을 공유하는 언어의 소통과 공감이다. '내 마음은 호수다.'라 은유했다면 전혀 다른 마음과 호수가 의미를 공유해야 한다는 말이다. 그래서 가장 고급스러운 언어 표현이고 인상적 묘사의 방법이다.

> 산을 내려오면서 홀로 무엇이든 잘할 수 있다는 이기심에서 이제는 누군가에게 의지하고 도움을 받아야 살 수 있는 나이가 되었으며 나도 누군가를 위해 힘이 되는 지팡이 같은 사람이 되어야겠다는 생각을 했다.

남편이 내게 지팡이를 내밀며 걱정 해주듯 나도 남편을 위한 마음의 지팡이가 되어 그가 힘들 때 힘이 되어주고 그에게 위로가 필요할 때 의지가 될 수 있는 넉넉한 마음을 준비하리라.

– 〈지팡이〉에서 –

해바라기와 채송화처럼 큰 대조를 이루는 꽃들 중에서 어느 꽃이 더 예쁘고 가치 있는가를 말할 수는 없을 것이다. 두 꽃 다 축복받은 생명을 가지고 이 땅에 태어났고 보호받아야 할 당당한 권리가 있으며 각각의 아름다움을 지니고 있기 때문이다. 꽃들은 크다고 교만하지 않고 작다고 주눅 들지 않으며 시기도 욕심도 없다.

– 〈해바라기와 채송화〉에서 –

여리디여린 봄이 하늘을 뿌옇게 칠한 미세 먼지를 이기느라 힘이 들지만 두터운 땅을 뚫고 뾰족뾰족 얼굴을 내밀며 새 생명의 모습을 드러내려 안간힘을 쓰고 있다. 창을 열고 먼지를 털어내며 추운 겨울을 잘 이겨내고 소생하는 새싹들에게 찬사와 감사를 보낸다.

– 〈결혼〉에서 –

〈지팡이〉에서 작가는 부부간에 서로를 지팡이에 비유하여 부부간에 서로 힘이 되는 관계를 뚜렷하게 보여 주었다. 이러한 묘사의 기법은 〈해바라기와 채송화〉에서 더욱 인상적으로 표현되었다. 키가 큰 해바라기와 작은 채송화는 나름대로의 아름다움을 지니고 있으므로 똑같이 소중하고 똑같이 존중받아야 한다는 작가의 생각을 비유어를 통하여 뚜렷하게 전달하였다. 〈결혼〉에서는 그림을 그리듯이 선명하게 묘사의 기법으로 봄의 정경을 그리고 있다. 단순히 생동하는 자연을 그린 듯하지만, 새로운 세대의 성장하는 모습을 암시하고 있는 것이다. 이러한 자연스러운 비유와 묘사는 곳곳에서 발견할 수 있다.

(2) 수필적 상상

수필은 사실과 체험의 문학이라고 하지만 상상적 기법이 없으면 문학적 아름다움을 구현하기 어렵다. 그러나 수필적 상상이란 인상적 전달을 위한 분위기나 소재의 묘사 등에 국한되어야지 존재하지 않는 사건을 만들어서 삽입한다면 수필의 범주에서 벗어난 허구가 될 것이다.

> 들판의 곡식을 알알이 영글게 하는 따가운 햇살을 안고 논두렁도 거닐고 얼굴 하나 가득 씨알을 품은 해바라기 밭도 기웃거리며 나는 마치 가을 여인이 된다.
>
> 파란 가을 하늘에 잘 어울리는 해바라기를 바라보다 어릴 적 우리 집 마당

한구석 작은 화단 가에 심겨진 해바라기와 채송화를 떠올린다. 해바라기는 그 색이 너무도 밝아서 태양의 꽃이라 불리며 꽃말은 숭배, 그리움, 기다림이다. 어릴 적 키가 작은 나는 긴 목으로 담장 밖을 내다볼 수 있는 키 큰 해바라기가 무척 부러웠다. 또한 투명한 잎줄기 끝에서 샛노랗고 짙은 핑크빛 꽃을 피우는 꽃말이 순진, 가련한 채송화가 피어나면 어찌 그리도 예쁘고 귀엽던지…

담장에 탐스럽게 누워 있던 누런 호박과 키 큰 해바라기와 앙증스러운 채송화는 사이좋게 어울려 우리 집을 예쁘게 꾸며주었고 가을의 풍성함을 더해주었다

– 〈해바라기와 채송화〉 –

이 글은 사회적 강자의 이른바 '갑질'을 비판한 글이다. 어린 시절의 해바라기와 채송화의 모습을 주제에 맞추어 대조적으로 묘사했다. 이와 같이 거짓 없이 인상적으로 묘사하기 위해서 수필적 상상기법이 필요하다. 《호랑나비의 우화羽化》는 상상적 묘사에 의해 작품성이 돋보인다.

(3) 의미화 과정

제재를 관찰하고 작가의 독창적인 시선으로 인식한 다음 반드시

필요한 것이 의미화의 과정이다. 미국의 극작가이며 시인인 오스카 햄머스타인Oscar Hammerstein은 그의 시에서 '종은 누가 울리기 전에는 종이 아니다.'라 했다. 울리지 않으면 종으로서 무의미하다는 말이다. 수필문학에서도 의미화가 이루어지지 않으면 그것은 이야기이고 잡기이다. 작품 〈내 손을 잡아요〉를 통하여 의미화 과정을 분석해 본다.

① 베테랑 정비사인 남편은 실명한 아내 손을 잡고 울트라 마라톤에 참가한다.

② 622km 거리를 150시간이나 달리며 사람들의 박수를 받는다.

③ 마라톤을 완주한 그들 부부에 박수를 보내며 내 눈시울이 뜨거워진다.

④ 가슴과 등의 '내 손을 잡아요.'라는 구호가 남편에게 불평한 나를 부끄럽게 했다.

⑤ 손을 잡고 인생길을 달리는 부부가 행복한 삶을 살도록 하느님의 은총을 기도한다.

— 〈내 손을 잡아요〉 화소話素 —

이 작품의 의미화의 과정을 사실의 체험(①) ⇒ 체험의 심화(②) ⇒ 사색 및 해석과정(③) ⇒ 사실 및 해석 심화(④) ⇒ 의미화와 주제(⑤)의 단계로 분석할 수 있다. 여기서 화소話素 ⑤는 자아의 체험이 세계의 보편적 가치와 타협하여 세계화하는 과정이라 볼 수 있다. 세계의 현실을 바라보며 감동한 결과 자아가 충만해 가는 과정이다. 이런 과정을 통해서 독자는 작가와 체험을 공유하고 공감하며 긍정적인 세계관을 형성해 나가는 것이다. 여기에 수필의 독자성을 확실하게 확보되는 것이다.

4. 휘갑치기

신금철 수필가는 부부가 함께 40여 년 교직에 있으면서 모범적인 삶을 살았다. 그의 수필은 그의 모범적인 부부생활, 모범적인 가정생활, 모범적인 사회생활의 모습이 그의 독창적 시선과 언어에 의해 예술성이란 날개를 달고 문학으로 승화되었다.

그의 아름다운 삶과 아름다운 작품에 대학의 후배로서, 수필문학을 함께 공부하는 문우로서 분부를 어기지 못하여 둔한 붓끝으로 비단에 얹어놓은 말씀이 꽃은 되지 못하더라도 검불이나 되지 않았으면 좋겠다.

아무쪼록 한층 더 행복한 가정 이루시고, 노년이라 하지 마시고 지도와 창작에 더욱 열중하시어 사회에 더욱 큰 힘을 보태시기를 기원한다.

신금철 수필집

호랑나비의 우화羽化

인쇄 2017년 10월 18일
발행 2017년 10월 25일

지은이 신금철
발행인 서정환
펴낸곳 수필과비평사
주소 서울시 종로구 삼일대로 32길 36(익선동 30-6 운현신화타워 빌딩) 305호
전화 (02) 3675-3885, (063) 275-4000 · 0484
팩스 (063) 274-3131
이메일 sina321@hanmail.net essay321@hanmail.net
출판등록 제300-2013-133호
인쇄 · 제본 신아출판사

ISBN 979-11-5933-122-0 03810
값 13,000원

이 도서의 국립중앙도서관 출판예정도서목록(CIP)은 서지정보유통지원시스템 홈페이지(http://seoji.nl.go.kr)와 국가자료공동목록시스템(http://www.nl.go.kr/kolisnet)에서 이용하실 수 있습니다. (CIP제어번호: CIP2017027004)

Printed in KOREA

*이 책은 2017년 충북문화재단 Chungbuk Cultural Foundation 의 문예진흥기금을 지원받아 발간했습니다.